外れ馬券に乾杯！

藤代三郎

ミデアム出版社

目次

第一章　リハビリ3連複の行方

目次

目次

初出/週刊Gallop
レース結果/週刊Gallop
(レース結果欄の予想印はサンケイスポーツ本紙予想です)

装丁／カバーイラスト　高柳　一郎

第一章　リハビリ3連複の行方

中山競馬場への怒り

いやはや、驚いた。金杯の朝、シゲ坊と一緒に中山競馬場に出撃したのである。今回は時間の推移をすべて書くが、中央門に到着したのが6時45分。その段階で当日指定の列がずらりと並んでいたが、私らはキングシート①の列の最後尾に並ぶ。先にゴンドラとナッキーボックスが満席になって整理券が配付される。私らのキングシート①が満席になったのは7時15分前後。で、7時20分に整理券が配付されたのである。再集合は8時35分とアナウンスがあった。ということは、本日の指定席発売開始は8時50分だなと推察できる。それまで1時間半か。コーヒーを飲むか飯でも食うかと考えていたら、スタンドへの入場は8時25分とアナウンス。

ちょっと待ってくれ。スタンドに入れないの？　それまで私らはスタンドの外、吹きさらしの場所に並んでいたのである。それは覚悟してきているからいい。しかし満席になったら暖かなスタンドの中に入れると思っていた。整理券を貰っているから再集合の時間まではもう並ぶ必要もない。スタンド地下1階の椅子に座って待つか、食事をして待つか、あとは楽勝だ。そう思っていた。それが中に入れてくれないのだ。そんなバカな。じゃあどうするのよ。「コンビニでも行ってください」と警備員は言う。当日指定の数をホームページから拾うと、ゴンドラ２２４席、ナッキーボックス１９２席、B指定２７２席、３階A指定８３２席、キングシート４２４席。その合計が１９４４席。その全員が放り出されたわけではない。私らが満席になった時間にまだ満席になっていなかった指定席もあっただろうし、車で来た人は時間まで車の中で待つだろうから、７時20分に中央門の外にいた人は、たとえば半分とすると約１０００人。そのまた半分としても５００人だ。

中山競馬場の中央門付近でその時間に開いている店は、コンビニ１軒とすき家１軒のみ。レストランが１軒あるがその時間には開いていないから、暖かな場所はこの２カ所のみ。５００人がそこに殺到するとどうなるか。すき家はたちまち満員で行列は外まで並び、コンビニの中も大混雑。コーヒーを買う客の列が途切れない。ＪＲＡの職員でもない警備員に文句を言っても始まらないが、「私はここで20年前から働いているけど、ずっとこの方式ですよ」と平然と言った警備員は嘘つきだ。この10年、中山競馬場に行く回数は極端に減ったけれど、その前の10年間はほぼ毎週、少なくても月に２回は通っていた。その実体験から断言するが、中山競馬場の指定客導入システムは何度も変化している。当たり前だ。どこの競馬場でも変わるのは当然で、ずっと同じところはあり得ない。

私がいちばん覚えているのは、センタープラザにずらりと客が並ぶ光景だ。センタープラザというのは中央門の中で、スタンドの外。階段を降りたところに広がるスペースだ。ここにゴンドラからB指定まで（前列後列とか細かな区割りで）、目当ての列にずらりと客が並ぶのである。端のほうにはテントがいくつも張られていた。前夜から来た客がそこで寝ているのだ。警備員がスタンドから出てきたらもう少しの我慢だ。出てくれば列を整理し、満席にならなくても整理券が配付された。

ところがその後、満席にならないと整理券が配付されないようになり（ほら、変化があるぜ、おじさん）、そのうち中央門の外に並ぶようになった。大レースがない普通の土曜日でも、記録をとっていたわけではないので、いま正確に何時にスタンドが開いたとは書けないが、少なくても8時前には間違いなくスタンドの中に入ることが出来た。8時25分まで中央門の外で待たせてスタンドの中に入れないことが20年前からずっと続いている、なんてことは絶対にあり得ない。

しかし百歩譲って、それもこれもすべてJRAの決めたことだから仕方ないとする。私が今回いちばん腹が立ったのは、いざ入場というときに（あまりに客が多いので、この日スタンドの中への導入は予定より10分早まった）、ミニタオルを配っていたことだ。私、よほど捨ててやろうかと思った。こんなことに経費を使うくらいなら、もっと有意義なことに使え。スタンド内への導入を1時間早めることで照明や人件費など幾らかかるのか知らないが、タオルなどをつくらなければ少しは経費の足しになるだろう。

もう百歩譲ろう。タオルを作るのをやめて、その費用で使い捨てのカイロを配るという発想がなぜ生まれないのか。この日、外にいるととにかく寒かったのだ。有馬記念の日、府中場外の入り口でカイロを配っていたことは以前書いたけれど、こういう気遣いが中山競馬場には微塵《みじん》もない。整理券と一緒に使い捨てのカイロを配れば、どれだけ客の心が和んだだろう。

中山競馬場はキングシートという素晴らしい指定席を考え出した競馬場ではあるけれど、その発想者はもう中山にいないのではあるまいか。もしその方がまだ中山競馬場の責任ある立場にいたら、こんなことは許さないと思う。

WIN5が2年ぶりに的中

馬券本を読むのが好きだ。特に昨年の暮れは、たくさんの馬券本が刊行されたので読むのが大変だった。嬉しかったけど。水上学『必中！　競馬攻略カレンダー2015』（KKベストセラーズ）、田端到・斉藤雄一『金満血統馬券王国for2015』（KADOKAWA）、樋野竜司&政治騎手WEBスタッフチーム『集団的自衛権　馬券術政治騎手名鑑2015』（KKベストセラーズ）、今井雅宏『ウマゲノム版　種牡馬辞典2015～2016』（ガイドワークス）という4冊が短期間に続けて刊行されたのである。

普段私が愛用しているのは、『田端到・加藤栄の種牡馬事典2014～2015』（東邦出版　これは今年度版がもう少しすれば刊行されるはずだ）、田端到『王様が教えてくれたまさかの血統馬券術』（東邦出版）、亀谷敬正『血統ビーム　黄金ガイド』（ガイドワークス）の3冊で、これらは競馬場に行くときの必需品だ。双眼鏡などと一緒に必ず持っていく。昨年暮れに刊行された馬券本の中から毎週競馬場に持っていくこれらの本の仲間入りする本は何なのかまだわからないけど、こうやってどんどん荷物が増えていくから大変なのである。

暮れの４冊が出る少し前、昨年の秋に出た三宅誠『気温を見れば勝ち馬が分かる』（ガイドワークス）という本も面白かった。ガルボが昨年６月の函館で勝ったとき、えーっ、寒いときだけ走る馬じゃなかったのかよと驚いた人は少なくなかったと思うが、三宅誠『気温を見れば勝ち馬が分かる』によれば、あの日の函館の気温は16度。夏の函館とはいえ、寒い日だったというのだ。だから激走したというのだが、おいおい、本当かよ。そんなの全然知らなかった。本当にそうなのかどうかはわからないけど、それまで考えてもいなかったことをこうして教えてくれる本は大好きだ。目からウロコ、というやつである。もっとも私の場合、面白い着眼点だなあと感心するのが主で、それから馬券を買うときにいつも気温を気にするようになったかというと、ころっと忘れていたりするから役に立たない。

ところで私、久々にＷＩＮ５を当てた。１月11日の１６００万なら素晴らしいがもちろんそんなことはなく、１月12日の70万のほうである。アメリカで４００億近い宝くじを当てた人のニュースをテレビでやっていたが、その額に比べれば70万というのはゴミのような額にすぎない。全然たいしたことではない。だが、私としてはしみじみと嬉しい。ＷＩＮ５を当てたのは３年ぶりである。長かったなあ。もう一生当たらないのかと思ってた。実は金杯の日も惜しかった。

中山金杯のラブリーデイ（4番人気）も、京都金杯のウインフルブルーム（5番人気）も当てていたのに、3発目の初夢Sを外して60万が抜けてしまった。ちなみに、100点前後で50～100万を狙うというのが私のWIN5戦略である。具体的に言えば5つのレースのうち1つだけ荒れる日を狙うというものだから、金杯の日は例外。2↓1↓3↓4↓5というのがその日の勝ち馬の人気で、これは私のストライクゾーンではない。にもかかわらず、かぎりなく接近したのだから、あの60万は取りたかった。それに比べれば、1月12日のWIN5はまさに私の狙い通りの日だった。

この日の勝ち馬の人気は、1↓2↓2↓11↓1。こういう展開のときに取らなければ、私の出番はない。いちばん難しいのは、そういう理想的展開がいつ来るのか、まったくわからないことだが、次に難しいのは、1つだけ荒れるレースがどこなのか、それをぴたりと当てなければならないこと。この2つが揃ってもまだダメで、3番目は、荒れるレースの勝ち馬を当然ながら当てなければならないこと。さらにある意味ではこれがいちばん難しいのだが、全体の点数を100点前後でまとめなければならないこと。この4つが揃わなければ、たとえ70万とはいえ、当てることはできないのである。ちなみに3年前に当てたときも、1↓2↓11↓1↓2という日であった。そのときの配当は122万。人気分布はまったく同じなのに今回の配当（70万）と異なるのは、人気馬のオッズが違うためでこれは致し方ない。

しかし毎週1万円を使うとなると年に50万。WIN5が始まったのは2011年の4月であるから、これまで約4年。毎週参加していれば私の買い方で200万使ったことになる。それで配当が122万と70万。つまり約200万。ということは、今回の当たりでようやく私はチャラに持ち込んだということになる。冷静に考えればそういうことになるが、1つずつ当てていくときの、あの胸の高まりは素晴らしい。WIN5で考えると70万というのは屁のような配当にすぎず、宝くじに比べるとゴミのような金額だが、馬券で儲けた額で考えると、こんな額、めったに私、儲けたことがない。ここは素直に喜びたい。生きていればいいことはあるのだ。

新年会の夜

土曜日に一人で中山競馬場に出かけたのはその日の夕方、秋葉原で「ジョッキーゲーム」の新年会があったからだ。この新年会は、前年の優勝者が開催地区を決定できるシステムで、つまり前年の優勝者は秋葉原近くに住んでいるか職場があるか、ようするに地元ということになる。数年前に上野で開いたことがあるが、あれも誰かの地元だったんですね。優勝者の名前は忘れても、上野が地元の人だったんだとこうして記憶に残っていく。

で、秋葉原は西船橋から総武線で30分足らずということに気がついたので、じゃあ行っちゃえと中山に行ったわけである。金杯の日はさんざんな目に遭ったけれど、土曜は空《す》いているのでそんなに早く行く必要もないから、全体的にのんびりしている。朝から腹が立つこともなく、いいなあこの感じ。これから中山に行くときは土曜にしたい。4階のA指定なんか半分も埋まってなかったのではないか。地下のファストフードプラザの鳥千でセット（チキンとバゲットとフライドポテトで510円）を買い、3階に戻って生ビール。金杯の日もそうだったのだが、最近は競馬場でビールを飲むようになっている。博打《ばくち》をやっているときはずっとアルコールを禁止していたのに、最近はなんだか堕落しているなあと痛感。しかし、うまい。

ぼろぼろに負けてうなだれて秋葉原へ。新年会の会場につくと皆さんが揃っていた。この「ジョッキーゲーム」、実は昨年が最終年だった。幹事のカオルが仕事が忙しくなり、日曜の夜に集計したりするのが大変になったのである。なにしろ、18人のメンバーが4人ずつ騎手を抱えているのだ。そのそれぞれの騎手の点数をカウントして集計しなければならないのだから、膨大な手間になる。カオルの献身がなければこんなに続かなかっただろう。いちばん大変だったのは、インターネット環境が整っていない海外の国に仕事で行ったときだったという。

このゲーム、2003年に始めたので12年間続いたことになる。私は2年目から参加。その間の年間成績は［2117］。つまり優勝が2回、2位と3位が各1回。ちなみに4位も2回で、あとは16位、14位、12位、8位、17位だ。2011年の8位を除けば、上位か下位とはっきりしている。最終年の昨年が17位、つまり初のブービー賞を獲得した。実は最初、自分がブービー賞であることに気がつかなかった。1ヵ月前までは意識していたのだが、私のジョッキーが空気を読まずに60倍の穴をあけて、一挙に11位くらいに上がってしまい、その段階で諦めてしまったのである。有馬の前週にそれとなくチェックすると、ブービーになるためには私の下にいる５～６人が全員上のほうに行かなければ無理で、そんなことは絶対にあり得ないからこれは完全にだめだ。

で、１年の戦いが終わって、新年会の通知がカオルから送られてきたときもまだ気がつかなかった。賞金の配分方法（いや、チョコレートですよ賞金というのは）というメールが別に送られてきて、ようやくブービー賞を獲得していたことに気がついたというわけ。年内の最終週に私の下にいた５～６人の人たちが奇跡的に全員上に上がったのだ。私、有馬の週に立ち上がれないくらいの、それはもう大変な負けを喫したのだが、そうか、こんなところでツキを使っていたのかと納得。

ちなみに私よりも成績がよかったのはＫＫさんとＺＺさん。年間優勝を２回したのは私以外にこのお二人で、年間成績では３人が並んでいるのだが、シーズン成績などのもっと細かな内容を見ると、私よりもお二人のほうの成績がいい。私たちの「ジョッキーゲーム」は、１年を４シーズンに分けて、シーズン順位も競うのだが、私のシーズン成績は〔３５３33〕である。シーズン優勝が３回、シーズン２位が５回、シーズン３位が３回、という意味だ。これに対して、ＺＺさんは〔４６３35〕で、勝率、連対率、複勝率すべてが私よりも上。もっと優秀なのがＫＫさんで、そのシーズン成績は〔６３５34〕。なんとも素晴らしい。毎年ルールを改正したので、最終的にはとても楽しいゲームになったと自負しているが、難点はカオルのような手間を惜しまない幹事がいなければ成立しないゲームであることだろう。この「ジョッキーゲーム」を考案し、運営し、つつがなくまとめてきたカオルに、深く頭を下げたい。

「ジョッキーゲーム」が終了していちばん大きな変化は、もうどの騎手が単勝万馬券を出そうとも気にならなくなったことだ。以前ならこの騎手、誰の騎手だ、やだなあとそのたびに気になったものだが、もう全然気にならないのである。ほお、よかったねえと温かな目で見るのだ。「ジョッキーゲーム」が終了しても私たちの付き合い、そして馬券の戦いは続いていくから、これで私たちの人生が終わるわけではない。しかし、なんだか一つの時代の区切りのような気もする。確実に何かが終わるのだ。そう思いながら遅くまでグラスを傾けるのであった。

457万が抜け

あれですね。午前中とか午後の早い時間に低配当でもいいから何本か馬券を仕留めないと、だいたい大負けになりますね。私は、1Rから12Rまでのタイムテーブル（これは各場全レースの番号が時間ごとに記されたA4サイズのもので、カオルが作ってくれるものを使用している。とても便利だ）に、購入馬券の額を鉛筆で書き込んでいくのだが、馬券がヒットするとそこに赤のサインペンで配当額を書き込む。だから何本か仕留めると、タイムテーブルに赤の数字が幾つか散見することになる。ボウズの日は赤はまるでなく、残されたのが鉛筆の数字だけだから真っ黒。レースごとにそこまでの収支をメモしていくから、マイナスがどんどん増えていくのを見るのもつらい。午前中とか午後の早い時間に当てる額は安くてもいい。これ1本あれば1日のプラスは確定、というほどの破壊力があればもちろんそれにこしたことはないが、8500円とか1万2000円とか、そんなものでもいいのだ。気持ちに余裕が生まれるのがいいのかどうか、赤があれば大負けはなしというのはわがジンクスである。

もう1枚の紙が必要なのは、そちらにはＷＩＮ５の予想を書き込むからだ。だいたい3回は書き直すから、専用のメモが必要になる。こちらもA４判の大きさの用紙を準備して、ああでもないこうでもないと書き直していく。ＡＪＣＣの日は、その書き直しが5度に及んだ。もう今日はやめちゃおうかと思ったほど、この日は難しかった。

いちばん難しいのは、最後の石清水Ｓだ。データ的には「荒れるレース」なのだが、その穴馬がわからないのだ。いちばん最初の中山10Ｒ若潮賞も難しかった。データ的にはこのレースも荒れるので1番人気の⑦モーリスを蹴飛ばしてやろうと最初は考えた。となると、２番人気の②ゴットフリート、３番人気の③サクラダムール、６番人気の⑧カウニスクッカあたりか。次の京都10Ｒ五条坂特別と、中京11Ｒ東海Ｓは1～3番人気の3頭指名。ＡＪＣＣはゴールドシップが怪しいので、⑧ゴールドシップ、⑩フェイムゲーム、⑫クリールカイザーの3頭。つまり、そこまではオール3頭指名である。それで最後の石清水Ｓが4頭指名（③イリュミナンス、④ブレークビーツ、⑬プリンセスジャック、⑯マルタカシクレノン）では、総点数が３２４点になってしまう。私の上限を超えるし、それに石清水Ｓの４頭は思いつきで選んだだけで（人気は順に、５番人気、４番人気、16番人気、11番人気）、自信はまったくない。だから途中で、今日はやめようかと思ったのである。

悩んでいるときに、石清水Sは総流しだ、とひらめいた。この場合の総流しは、1〜3番人気を除いた13頭指名という意味である。荒れるレースに上位人気はいらない。しかし、3頭→3頭→3頭→3頭→13頭では、総点数が1053点。これは無理だ。となると、1頭指名のレースを作らなければならない。そこでよく見ると、中山10R若潮賞の⑦モーリスの調教採点が「8」ではないか。年に数回しかない競馬専門紙エイトの伝説の採点だ。最初は危ない1番人気だと思ったんだけど、採点「8」を信じよう。データ的に「荒れるレース」が堅くおさまった例は腐るほどあるから、ここでダントツ人気馬が勝ったとしても全然不思議ではない。1頭→3頭→3頭→3頭→13頭で、総点数が351点。ここで思考をやめればよかった。

このまま投票していると、457万のWIN5が的中していた。いちばん最初の324点は迷わず却下したが、この351点には少し手が止まった。なぜなら最初の324点のときは石清水Sで選んだ4頭にまったく自信がなかったからだ。単なる思いつきで3万は捨てられない。しかしこの351点は、石清水Sが堅くおさまったときはダメだけれど（荒れるはずのレースが荒れなかった例は山ほどある）、そうでないならかなり可能性は高い。この場合こわいのは、本当にモーリスは堅いのか、やっぱり負けるんじゃないかという一点だった。このとき誰かが私の肩を押してくれればよかった。入れちゃえよ351点。しかし誰も押してくれる人はいず、やっぱり351点は多いよなとの常識が勝ってしまった。となると、危ないよなとは思いながら、AJCCをゴールドシップの1頭指名にするしかなかった。1頭→3頭→3頭→1頭→13頭で、総点数は117点。このあたりが無難かな、と思った自分を、今ならどやしつけてやりたい。石清水Sを10番人気の⑪ハナノシンノスケが勝って、この日のWIN5が457万との発表があったとき、ずいぶん前、260点の予想通りに買っておけば700万のWIN5が当たっていたことを思い出していた。この次にこういうチャンスがあるのはいつの日だろうか。真っ黒のままのタイムテーブルを折り畳んでバッグにしまい、ウインズ新横浜をあとにしたのであった。

パドックの法則

2月の府中は寒い。毎年のことだから覚悟はしているのだが、1年経つとその寒さの度合いをすっかり忘れていて、こんなに寒いんだと驚く。開幕週の日曜日に出撃したのだが、この日は風が強く、指定席に新聞を置いておくと風に飛ばされてしまう。ずっと昔は指定席に灰皿が置かれていて、それが風の強い日にガランガランと音をたてて飛ばされていたことを思い出す。そうか、昔は指定席に灰皿が置かれていたんだ。あれは府中の風物詩だった。その冷たい風が体にあたるから、指定席に座っていると体の芯から冷えてくる。あまりに寒いからこの日は熱燗を飲んでしまった。

そうして迎えた東京1R。3歳未勝利のダート1300m戦のパドックで気配がよかったのは⑯コンドルヒデオ。2番人気の馬である。1番人気の①オーバーウェルムと②ヒックアンドポップはパドックでずっとチャカついていて、かなり怪しい。チャカついていても、イレ込んでいるわけではなく走る気満々ということもありうるのだが、その違いを見

1回東京2日　1R　3歳未勝利

着順	予想	枠番	馬番	馬名	性齢	斤量	騎手	タイム	着差	通過順	上り	人気	単勝オッズ	体重増減	厩舎
1	△	❽	⑯	コンドルヒデオ	牡3	56	ベリー	1.19.2		⑨⑨	中36.2	②	5.8	486－2	南田村康
2	△	❻	⑪	ロックフォール	牡3	56	ブノワ	1.19.9	4	44	中37.2	⑥	16.0	438＋10	南田中剛
3	△	❼	⑭	キョウエイプライド	牡3	56	田中勝	1.20.1	1¼	67	中37.2	④	9.0	506＋4	南伊藤伸
4	○	❹	⑦	シャトルソニック	牡3	56	蛯名正	1.20.2	¾	22	中37.7	⑤	11.7	482＋4	南中川公
5		❺	⑨	ウサギノカケアシ	牡3	56	吉原寛	1.20.2	頭	64	中37.4	⑧	18.7	472－4	南星野忍
6	◎	❶	①	オーバーウェルム	牡3	56	横山典	1.20.5	1¾	1412	外37.2	①	2.1	450　0	南田島俊
7	▲	❶	②	ピックアンドポップ	牡3	56	北村宏	1.20.6	½	44	内37.9	③	5.9	486＋4	南武井亮
8		❽	⑮	ミスチフウイッチ	牝3	54	西田雄	1.20.6	首	⑪⑫	外37.3	⑩	73.2	440－6	北蛯名利
9	△	❷	④	ダンガンコゾウ	牡3	56	嘉藤貴	1.20.7	首	99	内37.7	⑦	18.3	474－2	北高橋博
10		❸	⑥	タケルワールド	牡3	56	Cデムー	1.20.7	首	22	中38.2	⑪	73.6	442－10	北新開幸
11		❻	⑫	ディナール	牡3	56	武士沢友	1.20.8	½	⑮⑯	外37.2	⑬	244.2	450　0	南佐藤吉
12		❸	⑤	スーパーテノール	牡3	56	柴山雄	1.21.0	1¼	67	中38.1	⑭	325.5	484　0	北和田道
13		❹	⑧	マイネルブラスト	牡3	56	丹内祐	1.21.1	首	⑪9	中38.1	⑮	355.9	460＋2	北高橋祥
14		❼	⑬	スカイルピナス	牝3	51	原田和	1.21.2	½	⑯⑯	内37.6	⑯	544.9	436＋4	南小桧山悟
15		❷	③	デルマヨタロウ	牡3	56	津村明	1.21.3	¾	11	内38.9	⑨	37.8	478＋12	北和田郎
16		❺	⑩	ダイゴマサムネ	牡3	56	吉田隼	1.21.6	1¾	1112	中38.3	⑫	217.3	484－4	南堀井雅

単⑯580円　複⑯220円　⑪380円　⑭210円
馬連⑪—⑯3310円⑬　　枠連❻—❽3230円⑩
馬単⑯—⑪6180円㉕　３連複⑪⑭⑯6750円㉔
３連単⑯⑪⑭40160円132
ワイド⑪—⑯960円⑬　⑭—⑯670円⑥　⑪—⑭1520円⑱

抜くのは素人に難しいので、パドックの法則というのを私は作っている。

基本的にモニターでパドック中継を見るのだが、1周目にチャカついていると馬柱の上のほうに小さなバツをつける。2周目にまたチャカついていたら、バツをもう一つ。3周目にチャカついていたらバツ3。で、3つバツがついた馬はたとえ人気でも買わない——というのが私のパドックの法則である。もちろんバツ3の馬が実際のレースで激走することもあるのだが、着外に飛ぶことが圧倒的に多い。結果との関連は偶然なのかもしれないが、この単純な法則を私は結構気に入っている。

で、この第1Rの①オーバーウェルムと②ピックアンドポップはバツ3。それでも来たなら諦めようと、⑯から馬連を数点。さらにやっぱり①と②が怖いのでワイドを数点。すると⑯が勝って2着が⑪ロックフォール（6番人気）で、馬連3310円とワイド960円が朝から当たるのである。このくらいの馬連をゲットすると嬉しい。

さらに当たりが出たのは東京3R。3歳未勝利のダート1600m戦だが、ここでは⑯ミュゼフローレンス（5番人気）に目をつけた。6着、6着と負けてここはデビューから3戦目の馬だが、その2戦とも出遅れて最後方から差を詰めるという競馬である。ということは、出遅れなければ面白い。エンパイアメーカー産駒のダート替わりでもあることだし、狙ってみる価値はある。同じくエンパイアメーカー産駒の③ワル（7番人気）が内枠にいるのでこの2頭を軸にした3連複を買ってから、③⑯の馬連（150倍）とワイド（40倍）を本線に、⑯から馬連を数点買うと、1番人気の①ワイルドダンサーが勝って、2着が⑯ミュゼフローレンス。③ワルはどこにもこなかったので、エンパイアメーカー産駒どんぶりは狙いすぎだったようだが、4150円の馬連がヒットするとは嬉しい。

ところで東京競馬場で私はWi‐Fiを使用してPAT投票をしているのだが、午後になるとたびたび無線の接続が途切れて使用できなくなる。そのたびに電源を落とし、一から接続をやり直すのだが、すごく面倒だ。この日の東京6Rのときもそうだった。パドックでも返し馬でも特に気配の目立つ馬がいなかったので、何を買っていいものやらわからず、じゃあケンかなとも思ったのだが、せっかく競馬場に来ているのだから何か買いたい。

そう思ってタブレットで投票しようとしたら、いくらやっても投票できないのだ。えーっ、また接続が切れたのかよと思ったが、もう締め切りまで時間がない。あわててマークカードを持って穴場に走った。でも何を買うんだ。まだ決めてないぞ。

そのとき⑥ミュゼダルタニアン（3番人気）を軸にしようとひらめいたのは3Rを思い出したからだ。⑯ミュゼフローレンスと柴山のコンビで私は馬券を取らせてもらったのだ。ここも同じコンビに賭けよう。相手に①ウインスペクトル（5番人気）を選んだのは鞍上がベリーだったから。この日の1Rも5Rも外国人騎手のワンツーだった。やっぱり外人だよな。考えてみたらとてもいいかげんな決め方だが、なにしろ深く考えている時間がないのだ。とりあえず馬連①⑥を1000円塗って穴場に突っ込む。⑥を軸にして馬連を他にも数点買いたいのだが、もう時間はなくそこで締め切り。ようするに穴場に走ったものの、馬連を1000円買っただけだ。捨ててもいい気持ちだった。なにか参加したいのである。そういう性分なのである。

ところがそれが当たっちゃうから競馬は面白い。道中2番手を進んだ⑥がそのまま押し切る展開で、大混戦の2着争いを内からベリーが追いまくって制したのである。その馬連が2350円。その後どかんどかんと入れて全部不発であったので終わってみたらちょい負けであったけれど、面白いなあ競馬。

シマノの驚異の一点予想

1回東京3日目の1R（3歳未勝利の牝馬限定ダート1300m戦）が終わってしばらくすると、どこへ行っていたのか、シマノがようやく席に戻ってきて、いまの当たったよ、と言う。1着が1番人気の⑬ノーフェイト、2着が4番人気の⑦リリーグランツ、3着が3番人気の⑧コーリンブリリアン。馬連730円、3連複1680円、3連単4970円。上位人気の組み合わせだから配当は安いが、まあ当たらないより当たったほうがいい。何が当たったの、と尋ねると3連複だと言う。1680円か。ふーん。驚いたのはこのあとだ。なんと1点買いだという。えっ、いくら上位人気の組み合わせとはいえ、1点で仕留めるとはすごい。どんな秘密があるんだ。

すると取り出したのがA4大の紙で、そこに東京1Rから12Rまで、すべて1点予想の馬番号が書かれている。すべて違う馬番だ。ところどころ馬番が3つあるが（この1Rがそうだ）、基本は馬番が2つ。第1Rから12Rまで馬番が異なるということは、出目ではないということだ。じゃあ、何なのこれ？　なんと前日にきちんと検討したんだという。すべてのレースを1点予想したというのだ。出目馬券は買わないの？と尋ねるとそのとき本日の出目を披露してくれた。

小倉は①⑧、京都は②⑤、東京は③⑥だという。で、京都1Rで枠の2－5が早くも出てしまったと悔しがるのである。ちょっと待てよ、枠連2－5は8180円だ。それを取ったのか。なぜ悔しがるんだ。シマノにもいろいろな事情があって、買ってなかったという。出目馬券について迷いがあるようだ。「午前中に一度その出目が出ると、午後は出ないというのはおかしいよな。ということは午前と午後の出目は異なるということだろ。だったらそれに対応しなければならない」。お断りしておくと、こういうふうに理路整然と言ったわけではないんですよ。シマノの言葉を解釈するとそういう意味のことを呟いたということである。

「小倉は①⑧、京都は②⑤、東京は③⑥」と出目の予想は一応したけれど、この日の購入はきちんと検討した1点予想に基づいて買うんだと言う。その1点予想の秘密についても帰りに教えてくれたが、あまりにばかばかしいのでここに書かないほうがいいか、それとも書いたほうがいいか、まだ迷っている。2年前にオサムが考案した「ンの法則」に匹敵するばかばかしさなのだ。

この日は、たそがれのトシキに、ひげもじゃのカオル、そしてシマノの4人で東京競馬場のA指定席に出撃したのだが、シマノはホントに落ちつかないやつで、席にほとんど座っていない。この時期の東京競馬場の指定席はとてつもなく寒いから、スタンドの中にいるのかと思ったら、喫煙室で寝ていたよ、とトシキが言う。私は煙草《たばこ》をやめてしまったので喫煙室の中の様子を知らないのだが、トシキはまだ煙草を吸うので、そう報告してくれた。

20年近く前、東京競馬場で待ち合わせたら3時間ほど遅刻してきたことがあり、それからシマノと出撃するときはくどいほど時間厳守だと念を押すようにしているのだが、約束を守るために早起きしたのか、あるいは徹夜でもしたのかもしれない。眠くて眠くて我慢できず、喫煙室でついうとうとしてしまったのだろう。時間を守るようになっただけエライ。一日が終わってみたらシマノが当てたのは東京1Rだけ。私が当てたのも京都1Rだけ。2人ともスミ1。うなだれながら府中駅前の酒場に向かう途中、シマノがようやく1点予想の秘密を教えてくれた。ここから先はばかばかしいので読まなくていいですよ。

最初に謝っておきます。ほんとにすみません。金曜日の朝のスポーツ新聞に、土曜の全レースに出走する馬の一覧が載りますね。まだ枠順が決まる前なので、馬名と騎手名だけの一覧。それを見て1点予想したというのだ。すごいなあ、よくそんなので予想できるなあ。だって馬柱もないんだよ。前走の内容も載ってないのだ。と感心した私がバカだった。

そのときの一覧は馬名のアイウエオ順で並んでいるのだが、そのいちばん最初の馬と末尾の馬の馬番をA4大の紙に書いただけ。3頭の馬番を書いたレースは、ダート1300mと1400mのレースで、その最初と最後の馬番に、田中勝騎手の乗る馬を足しただけ。「府中のダート1300～1400って、カツハルが得意だろ?」と言うのだ。なるほどそれでところどころ馬番が3つ並んでいたのか。馬番が2つのレースは馬連を買い、3つのレースでは3連複を買う。それがたまたま東京1Rでヒットしただけだったのである。

ちょっと待てよ、最初と最後の馬番を紙に書くだけなら5分もかからないだろ、きちんと検討したとよく言えるよな。この日の東京1Rにはア行の馬が不在で、これは大変珍しいらしい。力説していたところをみると、金曜の朝の新聞をよく見ているんだ。まったくヘンな男である。

返し馬の奇跡

1回東京6日目の1R。3歳未勝利のダート1300m戦だが、返し馬を見る双眼鏡の視野いっぱいに飛び込んできたのは⑬シンボリセザンヌ。あわてて新聞を見ると、前走は20馬身差の13着。そのために11番人気になっているのだろうが、2走前は先行して3着なのだ。前走をなかったことにすればいい。1番人気の⑪スレッジハンマーの気配がパドックで抜けていたので、この馬を軸にしようと思っていたのだが、よおしと⑬シンボリセザンヌを相手に抜擢。3連単マルチを買うことにした。2〜4番人気の3頭と、7番人気の⑨キリョウヨシを足してヒモは4頭。24点である。

しかし返し馬で素軽かった馬がいつも激走していたら、私はとっくの昔に大金持ちになっている。そんなに甘いことは滅多にない。そういう大人の声も聞こえるので、馬連③⑪を1000円。⑪スレッジハンマーの相手は③ヴァッハウ（2番人気）でいい、というのが返し馬を見るまでの結論であったのだ。オッズは約8倍。本来ならこういう馬券を本線と

1回東京6日　1R　3歳未勝利

着順	予想	枠番	馬番	馬名	性齢	斤量	騎手	タイム	着差	通過順	上り	人気	単勝オッズ	体重増減	厩舎
1	○	❻	⑪	スレッジハンマー	牡3	56	田辺裕	1.20.8		7 8	中36.8	①	3.5	474+ 2	南小島茂
2	◎	❷	③	ヴァッハウ	牡3	56	北村宏	1.21.1	2	1 1	内37.7	②	4.1	474- 2	北新開幸
3		❼	⑬	シンボリセザンヌ	牡3	56	木幡広	1.21.8	4	3 2	中38.3	⑪	61.5	482+ 4	南牧　光
4		❺	⑩	センコウノマイヒメ	牝3	51	木幡初	1.21.8	首	10 11	中37.6	⑩	45.3	498+18	北杉浦宏
5	△	❸	⑤	ブランニュー	牡3	56	吉田豊	1.21.9	首	7 6	中38.1	④	6.6	458+ 4	北高柳瑞
6	▲	❸	⑥	ヴェイルドスケール	牡3	56	Cデムー	1.21.9	頭	4 6	中38.1	⑤	7.1	544+ 4	南畠山吉
7	△	❽	⑮	ロックフォール	牡3	56	柴田善	1.22.0	½	13 11	外37.8	③	5.8	432- 6	南田中剛
8		❽	⑯	エイコオアルバ	牡3	56	柴山雄	1.22.0	首	16 14	外37.5	⑧	24.5	518- 4	北天間昭
9		❷	④	ルーシーイズマイン	牝3	54	武士沢友	1.22.1	¾	13 14	中37.6	⑫	81.1	464 0	南菊沢徳
10	△	❶	①	トウショウチャート	牡3	56	柴田大	1.22.2	首	4 5	内38.5	⑭	101.3	438+12	北土田稔
11		❶	②	ハクサンゲイン	牡3	56	田中勝	1.22.5	1¾	10 10	内38.4	⑬	87.8	456+ 2	南浅野洋
12		❼	⑭	ゴールデンウトル	牝3	54	勝浦正	1.22.7	1½	9 8	外38.7	⑮	109.5	436+18	北和田郎
13	△	❺	⑨	キリョウヨシ	牝3	54	江田照	1.22.7	頭	6 2	中39.2	⑦	19.5	478- 6	南菅原泰
14		❹	⑧	ハッピーホリハル	牝3	51	井上敏	1.22.8	½	10 11	中38.6	⑯	403.9	448-10	北谷原義
15		❻	⑫	ユンゼイ	牡3	56	浜中俊	1.23.2	2½	2 2	内39.7	⑨	38.1	448 0	南矢野英
16		❹	⑦	イシス	牝3	54	三浦皇	1.23.6	2½	16 16	内39.0	⑥	15.1	462+20	南高橋裕

単⑪350円　複⑪150円　③160円　⑬1040円　　ブリンカー＝⑬⑯
馬連③—⑪780円①　　枠連❷—❻740円③
馬単⑪—③1350円①　３連複③⑪⑬16220円㊾
３連単⑪③⑬56180円159
ワイド③—⑪320円①　⑪—⑬3160円㊱　③—⑬4350円㊶

しては買わないのだが、⑬シンボリセザンヌがどこにも来なかったときの押さえならいいだろう。それで合計が３４００円。朝イチであるのでこれくらいにしよう。本当はこの日、勝負レースは午後なので午前のレースは全部ケンしようかと思ったほどなのである。ついパドックを見てしまい、ついでに返し馬を見たら、馬券を買いたくなっただけだから、いつもより控えめのスタートだ。

そしてなんと信じられないことに、その11番人気の⑬シンボリセザンヌが激走したのである。先行したときから、もしかしたらと思って見ていたが、直線を向いても③ヴァッハウの2番手で、胸キュン。それでも⑪スレッジハンマーが来なければ1円にもならないが、馬群を割って伸びてきた。その⑪がぎゅいーんと伸びて2頭を差し切り先頭に躍り出たところで初めて叫んだ。「そのままそのままそのまま」。

しかしそのときの態勢は、先頭が⑪、2番手が③。つまり1番人気→2番人気の順である。この馬連（約8倍）で叫んでいると思われたかもしれない。私の「そのまま」は1〜2番手の2頭に対する声援ではなく、3番手で粘る⑬に対する声援だったのだが、そのとき⑬シンボリセザンヌの鞍上の騎手の名前を叫ばなかったのは、それが木幡初広騎手だったからだ。とっさに「コワタ！」と叫べなかったのは同じレースに、木幡初也騎手が乗っていたからで、こういう場合、どう叫べばいいのか。これが吉田豊騎手と吉田隼人騎手なら、前者が「ヨシダ！」、後者が「ハヤト！」と私は決めている。これは何の問題もない。しかし木幡親子の場合、なにも決めていなかったので、言葉に詰まってしまったのである。

その⑬シンボリセザンヌがぎりぎり3着に粘ったおかげで、3連単は5万6180円。馬連780円も当たったので、配当は6万超え。⑪⑬のワイドが3160円もついたので、3連単マルチに入れた2400円を全部ワイド⑪⑬にしたほうが配当総額が多かったことになるが、それは言うまい。

この日の明暗を分けたのは東京3R。この返し馬でおやっと思った7番人気の⑭カスミチャンがここでも2着に激走したのだ。この⑭から、1番人気②タマモボレロ（1着）と2番人気⑯ミュゼフローレンス（6着）に馬連を買えば、馬連②⑭（3840円）が当たっていたのに、このバカは1Rに気をよくして、⑭⑯の2頭を軸にして3連単マルチを買ってしまったのである。このとき3840円の馬連を仕留めておけば、その後の流れは絶対に変わっていただろう。3Rが終わった時点でまだ収支はプラスだったが、この時点で残ったのは「今日の返し馬診断は正しい」という過剰な自信だった。

東京9R大島特別の返し馬で、⑮ウェイトアンドシーの弾《はじ》けるような馬体を見たとき、「ついに来た！」と思ってしまったのも、その誤った自信がもとになっている。単勝40倍強を1000円、複勝10倍強を4000円。1～3番人気の③ノウレッジ、⑨レッドロンメル、⑩ゲマインシャフトの3頭に、返し馬を見るまでの本命である⑧トウカイビジョン（6番人気）を足した4頭に、3連単マルチ。その4頭に⑮から馬連を各500円。⑧⑮だけワイドを1000円。これで総額1万1600円。⑮ウェイトアンドシーの着順は書きたくない。なんと15着（ブービーだ！）。ちなみにこのレースを勝ったのは1番人気の③ノウレッジで、2着は⑧トウカイビジョン。その馬連は2910円。返し馬など見なければ簡単に取れた馬券である。

続く東京10R雲雀Sの返し馬で、6番人気⑬キタサンラブコールの素軽さを見て、この馬にもどかんどかんと入れてしまった。この日のWIN5が1発目で終了したので、黙って見ているはずの東京10Rにも手を出したのだが、返し馬の奇跡は二度と起こらず⑬は6着。終わってみたら全治1ヵ月で、うなだれて帰途についたのであった。

チャンスは一度しかない！

1回東京7日目の9R調布特別。4歳上1000万下の芝2000m戦だがゴール前は大混戦。1着②フェスティヴイェル、2着⑧ロードエフォール、3着③トーセンデューク、4着⑬ネオリアリズムの着差は、クビ、アタマ、ハナ、である。1〜4着の4頭が同タイムという決着である。そうか、1番人気の③トーセンデュークは3着か。ふーんと思った瞬間、あっと立ち上がった。私、とんでもないことをしてしまった。いやだなあ、この配当を聞くの。ホントにいやだなあ。

その話の前に、この日の伏線を少し説明しておかなければならない。それは東京5Rだ。3歳未勝利の芝1800m戦だが、返し馬で⑬レッドライジェル（4番人気）が超ぴかぴかだったのである。そのとき、そうか、ここから久しぶりに複勝の1万円転がしをするのはどうか、とひらめいたのが間違い。あとから考えれば、悪魔の囁きとしか思えないが、そのときはグッドアイディアと思ってしまった。その時点で複勝は2・5倍から3・8倍。

昨年の秋から暮れにかけてやった複ころは、慎重になりすぎて数回見送ったのが結果的には失敗だったが、結構面白かった。あれを再開するのはどうか、とひらめくとその勢いはもう止められない。

パドックの気配がよくて返し馬が超ぴかぴかで、東京1800を得意とするディープインパクト産駒。しかも藤沢和厩舎の馬だ。前走は11着だが、これは出遅れたから例外。前々走の新馬戦で1番人気で2着。ここはじっくり態勢を立て直しての一戦なのだ。どうして4番人気に甘んじているのかがわからない。その時点の単勝は7・5倍（最終的には8・8倍）。複勝を1万買うほどの自信があるなら、ええい、単勝も3000円買ってしまえ。馬連も相手を3頭に絞って各1000円。3連単は⑬を軸に、ヒモ3頭へマルチ各100円。さあ、なんでも来い。槍でも鉄砲でも持ってこい。これで総額1万7800円。なんであんなに入れてしまったのか、あとで一生懸命に考えたのだが、自分でもよくわからない。尻に火がついたらもう止められないのだ。その⑬レッドライジェルは5着。ふーん。

返し馬というのは、いろいろとレベルというものがあって、超ぴかぴかが最高レベル。その次がぴか馬、次がまあ素軽いかなという馬。いろいろあるのだ。その違いは馬名の下に引く横棒の長さで表記する。超ぴかぴかはもちろん左から右まで枡目いっぱいに引く。その次が3分の2、次が半分、と長さはどんどん変化していく。たとえばこの東京5Rで

1回東京7日　9R　調布特別

着順	予想	枠番	馬番	馬名	性齢	斤量	騎手	タイム	着差	通過順	上り	人気	単勝オッズ	体重増減	厩舎
1	△	❷	②	フェスティヴイェル	牡4	56	田中勝	2.00.8		6 6 6	中34.5	③	6.9	504+10	(南)畠山吉
2		❺	⑧	ロードエフォール	牡7	57	江田照	2.00.8	首	9 9 9	中34.2	⑬	95.7	490　0	(北)菊川正
3	▲	❸	③	トーセンデューク	牡4	56	ベリー	2.00.8	頭	9 10 10	外34.1	①	2.4	450－6	(栗)藤原英
4	○	❽	⑬	ネオリアリズム	牡4	56	戸崎圭	2.00.8	鼻	4 4 4	中34.6	②	5.3	514+18	(北)堀　宣
5	△	❹	⑤	オウケンブラック	牡4	56	北村宏	2.00.9	首	4 4 4	内34.7	⑤	11.4	462－4	(南)田中剛
6		❻	⑩	シャドウウィザード	騸5	57	横山典	2.01.0	¾	14 14 14	中33.9	⑦	17.8	468+8	(南)勢司和
7		❸	④	ヤマニンプードレ	牝5	55	柴田大	2.01.1	½	7 7 7	内34.6	⑪	46.8	462－2	(栗)河内洋
8	△	❽	⑭	ロンギングゴールド	牡5	57	横山和	2.01.1	首	12 12 11	内34.2	⑥	17.0	474+10	(南)勢司和
9	△	❼	⑫	レッドカイザー	牡4	56	三浦皇	2.01.4	1¾	11 11 11	外34.5	⑨	20.6	494+14	(栗)角居勝
10		❹	⑥	テナシティー	騸6	57	柴山雄	2.01.5	首	12 12 11	中34.7	⑫	53.8	470+6	(北)高橋祥
11		❶	①	トーセンワープ	牡5	57	吉田豊	2.01.5	首	1 1 1	内35.7	⑧	19.0	474+4	(北)大久保洋
12	◎	❼	⑪	ツクバアズマオー	牡4	56	蛯名正	2.01.8	1¾	7 7 7	中35.4	④	7.6	466+2	(北)尾形充
13		❻	⑨	コスモユウチャン	牡6	57	嘉藤貴	2.02.1	1¾	2 2 2	中36.1	⑭	180.0	478+2	(北)高橋祥
14		❺	⑦	ロジメジャー	牡6	57	松岡正	2.02.1	頭	2 2 2	中36.2	⑩	35.7	494－2	(南)古賀慎

単②690円　複②190円　⑧1160円　③150円　ブリンカー＝⑫①
馬連②―⑧25390円㊺　枠連❷―❺6920円㉕
馬単②―⑧47660円107　３連複②③⑧21040円㉛
３連単②⑧③253380円676
ワイド②―⑧4780円㊸　②―③380円①　③―⑧3630円㊷

言うと、⑬レッドライジェル以外に線を引いたのは、⑤カワキタコクリコと⑦クラウンジーニアスの２頭のみ。２頭ともに半分の長さだが、前者の鞍上は木幡初也、後者は内田博。新人騎手と南関東出身の騎手は強い返し馬をすることが多いので、線は引くが、馬券検討の参考にはしないというのがマイルールである。

ちなみに超ぴかぴかの馬はいたとしても１日数頭しかいないもので、まったくいない日も結構ある。この日は３頭。順に言うと、東京５Ｒの⑬レッドライジェル（４番人気）、東京９Ｒの②フェスティヴイェル（３番人気）、東京12Ｒの⑯ガムラン（９番人気）。そうなのである。東京９Ｒ調布特別を勝った②フェスティヴイェルは、返し馬の動きが超ぴかぴかだったのだ。しかし東京５Ｒの⑬レッドライジェルにどかんと入れてコケてしまったので、今日の返し馬診断はだめなのだと東京９Ｒのときは気持ちが沈んでいた。そこまで横棒半分の馬は何頭かいたのだが、それらもことごとく敗退していたので、この日はバイオリズムが悪い日なのだと思っていた。そういう日はよくある。

私があっと立ち上がったのは、2着に激走した⑧ロードエフォールも返し馬が素軽い馬だったからだ。この馬の横棒は半分。つまり、調布特別に出走したのは全部で14頭だが、その中で横棒を引いたのは②フェスティヴイェルと⑧ロードエフォールの2頭だけなのである。左から右まで目いっぱいの長さの②フェスティヴイェルが1着で、線半分の⑧ロードエフォールが2着。なんと絵に描いたような返し馬のワンツーで、その馬連は、どかんと2万5390円（ワイドは4780円）。3着が1番人気の③トーセンデュークで、3連単は25万3380円。素直に返し馬を信じれば、この3連単も簡単にゲットしていただろう。馬連とワイドを各1000円、3連単は100円買っていただろうから、そうすると配当合計は、おいおい、なんとかならないか、55万だ。

東京12Rで、この3頭目の超ぴかぴか馬である⑯ガムランの単複、そこから馬連、3連単をどかんどかんと買うが、時遅し。この日3頭目の超ぴかぴか馬は16頭立ての14着だった。この日は一人で東京競馬場に出撃したが、翌日は自宅でPAT。土日ともまったく当たらず、全41レース買ってボウズ。終わってみると全治2ヵ月。もういいんだ。

全然当たらない！

1月中旬に、70万とはいえ、WIN5を久々に当てたので、今年は出だしが快調だと思っていた。ところがそれから、いいところがまったくない。面白いな競馬、と思ったことが一度だけあったような気がするが（遠い昔のような気がするのでよく覚えていない）、あとはことごとく惨敗の連続である。予想外の70万が転がり込んできたこともあり、気が大きくなってこの間どかんどかんと毎週のように突っ込んだのもいけない。はっと気がつくとWIN5を当ててからまだ1ヵ月半だというのに、そのプラス分を全部溶かしてしまった。ぴったりゼロ！　このバカは、なくならないと気がつかないのである。

これではいかん、とようやく気がついた。そこで今週から原点に返ることにした。考えてみれば、いつもの年なら「これではいかん」と気づくのが春の終わりごろであることが多い。覚えているなあ。何年前だったかオークスの前の週にパンクしたことがある。これからはたとえGIでも複勝2000円しか買わないと決めた途端、私が複勝を買った馬が

2着にきたのだ。そうだ、エフティマイアだ。だから7年前だ。エフティマイアは桜花賞で2着したのにフロック視され、オークスでは13番人気。だから複勝が970円もついた。1着が4番人気のトールポピーだったから、買っていれば240倍の馬連は簡単にゲットできていただろう。どうして馬連を買わないのだとあとですっごく後悔した。3着が5番人気のレジネッタだから、44万の3連単も楽勝だった。おお、3連単も買え！と頭をかきむしったものだ。

パンクした途端に予想が当たるというのは皮肉なものである。その前の週までのようにイケイケであったなら、いったい幾ら儲かっていたのか。こういうことが一度あると、パンクをなかなか認めず、もう1週もう1週とひきずり、それ以降は大変であった。素直にパンクしないと負けはどんどん膨らむのである。それに比べれば、まだ春が始まらないうちにパンクするのは、自慢することではないが、近年でいちばん早い。黙っていれば膨れ上がる今後の損を未然に防いだという点では、自分で自分を褒めてやりたい。なくした金を悔やむよりも、そういう前向きな姿勢でいたい。

そこでまず、レース数を減らそう。先週の日曜なんて私、22レースも買っているのだ。これではいくらなんでも多すぎる。そこで今週は土曜に4レース、日曜に8レース。これしか購入しなかった。私、エライ。土曜は朝馬券を買って、あとはテレビから離れてしまったので、そんなにエラクないが、日曜は朝からテレビの前に座ったのである。最終レースまで一歩も動かなかったのである。それなのに、目の前では3場36レースが行われているというのに、前日に決めた8レースしか購入しないとは我ながら驚く。おれって、意外に大人？　パドック中継を見ていると気配のいい馬がいて、せめて複勝でも買いたいなと思うことが何度もあったけれど、ぐっと我慢したのだ。まあ、結果的には全部外れていたから、普段いかにいい加減に馬券を買っているかということだ。問題は、そうしてレース数を絞ったというのに、ボウズで終わると土日の負けがいつもと変わらなかったこと。全治1ヵ月には達しなかったが、全治0・8ヵ月。どうして？

やめればいいのに、レース数を絞るんだからWIN5くらいは買ってもいいだろうとの支出があったこともあるが、限られた勝負レースにどかんどかんと入れてしまい、それが全部外れたために負けが膨れ上がったのである。そうか、レース数を絞るというのは根本的な解決策ではないのだ。やはり投資金額を極限まで抑えよう。たとえGIとはいえ、エフティマイアの複勝を2000円しか買わなかったように、そういう縛りがいまの私には必要だ。

7年前だって、複勝しか買わなかったためにオークスでは大金を逸したかもしれないが、そういう買い方をあの春続けたことでその後の大負けを防いだのかもしれない。あのあとどういう展開になったのかもう覚えていないけれど、そういうことも考えられる。いまは大勝ちを逸することを心配するのではなく、大負けを防ぐことを考えるべきなのだ。なにしろ8レースに手を出した日曜も、いいところが一つもなかったのである。全然面白くないのだ。

あっと立ち上がったのは、WIN5の2レース目である中山10RブラッドストーンSのゴール前で、⑬ラヴィアンクレールと⑮アメージングタクトが鼻面を揃えたときだけ。ここで⑮がハナ差負けたので私のWIN5はこの時点で終了。もっともそのあとの3レースはすべて外れていたから、この日、頭を当てたのは最初の伊丹Sのみ。ひどい。来週からWIN5は禁止。レース数は10レースまで。しかも1レースに2000円まで。この3条件を固く守ること！　強く強く自分にそう言い聞かせるのである。

リハビリ生活の始まり

競馬生活を原点に戻すにあたって、馬券作戦も最初からやり直すことになった。レース数を絞り、1レースに使う資金も2000円まで。出発地点はここからだ。そう決めたのだが、問題は馬券の種類である。どんな馬券を買えばいいのか。

7年前のように複勝2000円というのもいいけれど、それではあまりにも弱気すぎてなんだかなあという感は免れない。もう少し攻めている姿勢が欲しい。そうなると3連複しかあり得ない。3連複のフォーメーションで、1列目に1頭、2列目に2頭、3列目は（2列目に置いた2頭プラス）4頭。つまり、1－2－6で合計9点。1列目も2列目も人気薄を置けば、万馬券も十分狙えるし、超攻撃的な馬券と言っていい。もっとも真剣に予想すると、1列目に人気馬を置くことが実際には少なくない。

たとえば1回阪神4日目の8Rだ。4歳上1000万下の芝1200m戦だが、絶対に3着を外さないのはどう考えても1番人気の⑥グレイングロースなのだ。仕方なくこの馬が1列目。無理やり穴馬を1列目に置く方法もあるけれど、それでは検討する意味がない。2列目は⑦サトノデプロマット（3番人気）と⑧サンセットスカイ（5番人気）。3列目は①ティーハーフ、②ヤマニンカヴァリエ、⑩ケイアイユニコーン、⑫ベルリネッタ。3列目の人気は順に、2番人気、8番人気、4番人気、7番人気である。つまり1〜8番人気の中から6番人気を外した7頭を選んだわけだ。このレースは11頭立てなので、選んだのは11分の7。半分以上を選んでいるからこれで外れたらヘタくそだ。上位人気馬ばかり選んでいても組み合わせによっては高配当の目もある。たとえば、3連複②⑥⑧は124倍である。ところが、1着⑦、2着⑥、3着①という結果で、3連複は1240円。人気馬ばかりがくると、こういう低配当になる。

やはり少頭数のレースはケンすることにして、もっと多頭数のレースを対象に、穴馬をもっと拾いたい。そこで、1－3－7で15点か、1－3－8で18点、このどちらかに落ちつく。これなら2列目や3列目に、かなりの穴馬を選びやすくなる。ちなみに、1－4－8で22点。1－4－9なら26点。昨年のAJCCの日にシゲ坊が80万というどでかいやつを当てたときの3連複フォーメーションは、2－4－8で48点であった。私の予算は1レースに2000円なので、この48点は無理。1－4－9の26点もオーバーだ。1－4－8の22点が辛うじて許容範囲か。できれば、1－3－7で15点か、1－3－8で18点、このどちらかにしたい。

ところが当たり前のことだが、15点買いでも18点買いでも、難しいんですね。たとえばこの日の中山8R。4歳上500万下の芝1600m戦だが、最初は4番人気の⑩ローズマンブリッジを1列目に置いたのである。4ヵ月休み明けでプラス24キロだが、太くは見えないし、むしろパドックの気配はいいのだ。ならばディープ産駒の底力に期待したい。ところが検討しているうちに不安になってきた。ディープ産駒と言ったって、5歳の身でまだ500万下にいるのだから、そんなに期待してはいけないのではないか。ここはやっぱり1番人気だよなと1列目を変更してしまった。

その1番人気④ホルボッシュが6着に沈んだことはいいとしよう。しかし何も⑩ローズマンブリッジが勝つことはない。これでは1列目を変更したことがバカみたいだ。もっとも2着の③パープルセイル（6番人気）は3列目にしか置いていなかったし、3着の⑦オンタケハート（7番人気）は無印だったので、1列目を⑩ローズマンブリッジのまま行ったとしても私の馬券は実らなかった。ちなみにこのレースの3連複は247倍。このくらいの配当をゲットしたい。

つまり何点買いだろうとも、馬券を当てるというのは難しいのである。さらにそれが高額配当となると至難のわざだ。あまりに難しいから中山10R上総Sでは、1－4－9の26

点買いをしてしまった。もう２０００円の限度額を無視なのである。しかし点数を増やせば当たるというものではない。しかもいつの間にか、最初は1点１００円でやっていたのに、はっと気がつくとこの目は５００円、この目は３００円とレートまで無視しているのだ。だから阪神メインの総額は７７００円、中山メインの総額は８３００円とかに膨れ上がっている。なんなのこいつ。

午前中は信じられないほどおとなしくしていたにもかかわらず、終盤に近づくにしたがってバカになっていくのである。ようするに、１００円ではつまんなくなるのだ。だから終わってみたら全治半月。それでもいつもよりはケガの度合いは少ないが、これではリハビリの意味がない。レース数はほぼ守っている。3連複フォーメーションという馬券の種類もいい。15点か18点、譲っても22点買いまでもいいだろう。問題はレートを上げないこと、２０００円を厳守すること。わかりましたか！

1番人気が消えそうなレースを探せ

週中に競馬予想家の双馬毅氏と会った。氏は『2万円を競馬で1千万円にできる人・できない人』（KKベストセラーズ）という本の著者である。私、この本を2度読んだ。昨年暮れの有馬記念の日、ぼろぼろに負けた帰り道、ふらふらと書店に入ったらこの本があり、思わず買ってしまった。もう何かにすがりつきたかったんでしょうね。途中で、以前読んだことを思い出したが、最後まで読了。その結論は、ずぼらな私にはとてもできないということだった。やっぱり楽して競馬には勝てないのである。いや、私、楽して勝とうとは思っていない。ずっとチャラでいいのだ。しかしそのために何をしたらいいのかが、まだわからない。そこでせっかく氏に会ったのだから初歩的なことを聞いてみた。

まずレース数を減らしたいのだが、購入するレースをどうやって選べばいいのか。すると氏は「1番人気が飛びそうなレースを選んでください」。えっと思った。そんなこと初めて聞いた。そう言うと、そのとき周囲にいた私の知人たちは口を揃えて、「それ、当然でしょ」

「前から何度も言ってるじゃん」「そこで驚く？」とうるさいこと。しかし私、本当に初めてだ。

私が前日に検討するときは、まず面白そうな穴馬、つまり新聞の印は薄いものの魅力的な穴馬を探すのである。これまでずっとそうしてきた。首尾よく見つけると次はどんな馬券を買うかということになり、初めて人気馬のほうを見る。で、その人気馬が堅そうなら、その人気馬との馬連オッズを見たり、ワイドのオッズを見たりする。つまり、穴馬発見↓人気馬検討、という順序なのである。それが逆だとはカルチャーショックだ。

「たとえば1番人気馬が飛びそうなレースを10コ選ぶとします。そのうちの3分の1が当たればいいですね」。この場合の「当たる」とは「1番人気馬が飛ぶ」という予想が当たるということである。たとえば10レースのうち3レースは本当に1番人気馬が飛んだとする。「そのうちの1レースの馬券が当たればいいんじゃないですか」と氏は言う。予想して選択するのが10レース↓本当に1番人気が飛ぶのが3レース↓馬券が当たるのが1レース、こういう順番だというのである。すごく興味深かったのは的中率は15％を目指すという。それが20％を超えると逆にやばいというのが興味深い。なぜならそれは低配当の馬券を狙いすぎている、ということになるからだと言うのだ。

馬券の種類はもちろん3連複。豊富な資金がないときは3連複専門にして他の馬券は厳禁。資金が豊富になってきたら3連単に手を出してもいいが、それまで手を出してはダメ。なるほどなあ。目からウロコの連続である。

そこでさっそくやってみた。前夜検討の結果、2回中山6日目は、7R、9R、10R、11R。1回阪神6日目は、4R、8R。2回中京2日目は、6R、9R、11R。選んだのは合計で9レース。目標の10レースには届かなかったが、ほぼ目標数を満たしているからいいとした。結果から先に書くと、このうち4レースで本当に1番人気が飛んだ。すなわち9分の4。3分の1以上の的中である。馬券が当たる的中ではなく、「1番人気馬が飛ぶ予想」の的中にすぎないが、その段階ではまず成功の部類だろう。それが中山7R、9R、11R、中京9Rの4つ。馬券はこのうち1つ当たればいいとしたが、残念ながら1つもなし。せっかく1番人気馬が飛んでくれたというのに、私の軸馬が来なければ馬券は当たらない。というよりも、この日の選択10レースで私の軸馬がきたのは、なんと1つだけなのである。

それが中山10R東風S。私の軸馬⑨クラリティシチー（3番人気）は道中で後ろから3頭目だったが4コーナーで外に出し　なんと全馬をきれいに差し切ってしまった。しかし2着はよりにもよって1番人気の⑫シャイニープリンス。3着が12番人気の⑭インパルスヒーローだったので、3連複は155倍、3連単は757倍だったが、この12番人気の馬を私、2列目に置いていたからコノヤロだった。ちょっと待ってくれ。だったら⑨⑫の2

頭軸マルチの３連単を買えば、ヒモ７頭でこの757倍を的中していたではないか。

今回のリハビリ練習でいちばん困ったのは、前夜検討の際、新聞の印などを見て、こいつが１番人気だろうと思っていた馬の人気が当日違ったりすることだ。つまり最終的な１番人気馬を前日に正確に当てること自体がなかなか難しいのである。たとえば阪神８Ｒは、前日１番人気と推測した⑮ナガラブルボンがパドック中継のときに８倍強の５番人気で、違うじゃんと思ったら２着して、しかもなんと１番人気になっていたから、おいおい。そうか結果的には合っていたのか。ちなみに選択10レースのうち、１番人気の予想が当たっていたのは６レース。つまり４レースは人気順位も外れていた。まだまだ課題は山積みなのである。

もう一度叫ぶ日は来るか

先週の話の続きを少し。1番人気馬が4着以下に落ちるレースを9レース選んだ話の続きである。私は、中山で4レース、阪神で2レース、中京で3レース選んだのだが、この日実際に1番人気馬が4着以下に落ちたレースは中山で4レース（そのうち3つを当てたのだからエライ）、阪神で2レース（私は2つ選んで2つともに外れ）、中京で6レース（私は2つ選んで1つだけ的中）。この場合の「当たる」とか「的中」というのは、馬券が当たったということではなく、「1番人気馬が4着以下に落ちる予想」が当たったということだ。つまり「1番人気馬が4着以下に落ちたレース」は、全36レースのうち12レースだったのである。なんと3分の1だ。これがこの日だけの傾向なのかどうかはわからないが、今週の結果を先に書いておくと、日曜日に「1番人気馬が4着以下に落ちたレース」は36レース中、全部で13レース。おお、今週もだいたい3分の1だから、これが平均値なのかも。ちなみに今週日曜日を場別に見てみると、中山が7レース、阪神が3レース、中京が3レース。先週が、4、2、6だから、場別では週によって違っても3場合計すると似たような結果になるということか。いや、たった2週だけの結果では正確な統計とは言えないから結論を出すのは早すぎる。

今週の予想は（くどいようだが、この段階の予想とは「1番人気馬が4着以下に落ちる」予想である）、中山5レース、阪神4レース、中京3レースで合計12レースだったが、そのうち実際に馬券を買ったのは6レース。残りの半分はいくら検討しても軸馬が見つからなかった。そのうち本当に「1番人気馬が4着以下に落ちた」のは中山の2レース。つまり予想が的中したのは6分の2であるから、9分の4であった先週より予想成績は落ちている。しかし軸馬が的中したのは、阪神9R、12R、中京8Rと3つもあった。この軸馬的中率は先週よりも成績がいい。もっともその3つともに1番人気馬がすべて3着にきてしまったので、3連複馬券は外れ。ようするに先週も今週も、「1番人気馬が4着以下に落ちそうなレース」を予想して、3連複を購入するというリハビリ馬券は2週続けてボウズということになる。

自慢していいのは、この日、中山で「1番人気馬が4着以下に落ちた」レースは全部で7レースあったのだが、そのうちの5つを当てていたことだ。その5つのうち、軸馬が見つからないと実際に馬券を買ったのは2つにとどまったが、予想の精度はいいのだ。あともう一つは、軸馬を当てた3レースともに、私の軸馬はすべて1着であったこと。690円、890円、600円と、まあたいした配当ではないが、すべて1着とは嬉しい。それが馬券に結びつかないから問題なのだが、一歩ずつ着実に進歩しているのではないだろうか。楽観的すぎる？

しかし迷うところもある。というのは、阪神9Rが5130円、12Rが3180円（このレースは3着が、1番人気の⑪ナンヨーカノンと10番人気の⑫ラブユーと同着なので、3連複の配当は2通りあり、もう一つは2万円）、中京8Rが2550円というのが3連複の配当であったことだ。15点も買って（1頭、3頭、4頭だと15点になる）この配当では割に合わないが、もう少し点数を絞れるなら（たとえば4〜5点とか）このくらいの配当でもいいのではないか。そんな気もするのである。いや、それでは的中率を上げるだけで結果的にはよくないのかもしれない。しかし、なにしろ1ヵ月くらいまったく当たっていないような気がするので（もう2ヵ月かなあ。1月にWIN5を当てて以来さっぱりなのだから）、競馬がつまんないのだ。いくらリハビリだとは言っても、こう当たらないとイヤになってくる。

思い出すのは先週日曜の中山10R東風Sだ。1列目に⑨クラリティシチー（3番人気）を置き、2列目に③フラアンジェリコ（7番人気）、④ペイシャフェリス（2番人気）、⑭

2回中山6日　10R　東風S

着順	予想	枠番	馬番	馬名	性齢	斤量	騎手	タイム	着差	通過順	上り	人気	単勝オッズ	体重増減	厩舎
1	▲	❻	⑨	クラリティシチー	牡4	56	田辺裕	1.33.8		11 11 10	外33.7	③	8.1	486+6	美上原博
2	◎	❼	⑫	シャイニープリンス	牡5	57	横山典	1.33.9	½	5 6 6	中34.6	①	2.3	500-4	美栗田博
3		❽	⑭	インパルスヒーロー	牡5	56	田中勝	1.34.1	1¼	③ 4 5	中35.2	⑫	60.5	512+4	美国枝栄
4	○	❻	⑩	ブレイズアトレイル	牡6	57	藤岡佑	1.34.1	鼻	⑭ 13 11	中33.9	④	8.4	486-16	栗藤岡健
5	△	❼	⑪	アロマカフェ	牡8	56	吉田豊	1.34.2	½	7 7 6	中34.7	⑧	30.1	484-8	美小島太
6		❹	⑥	マイネルホウオウ	牡5	57	柴田大	1.34.3	首	9 7 8	中34.7	⑤	8.6	516-10	美畠山吉
7	▲	❸	③	フラアンジェリコ	牡7	57	石橋脩	1.34.3	首	9 9 9	外34.5	⑦	20.2	522+12	美斎藤誠
8	△	❸	④	ペイシャフェリス	牝4	54	柴山雄	1.34.4	¾	2 2 1	内35.9	②	4.5	440 0	美高市圭
9	△	❷	②	リルダヴァル	牡8	58	三浦皇	1.34.8	2½	5 4 3	内35.9	⑥	13.4	514+4	栗池江寿
10		❺	⑦	フレイムヘイロー	騸7	56	蛯名正	1.34.9	½	7 9 11	内35.0	⑪	53.8	476-6	美蛯名利
11		❽	⑬	レオアクティブ	牡6	56	大野拓	1.34.9	首	⑭ 14 14	中34.6	⑬	147.7	466-10	美杉浦宏
12		❹	⑤	ティアップゴールド	牡9	56	江田照	1.35.0	½	⑭ 11 14	中34.9	⑭	234.1	488+2	美奥平雅
13		❺	⑧	コウヨウアレス	牡6	56	柴田善	1.35.3	2	3 3 3	中36.6	⑨	33.1	492+8	美古賀慎
14		❶	①	ルチャドルアスール	騸6	56	平野優	1.35.5	1½	1 1 2	内37.1	⑩	42.0	508-2	美二ノ宮敬

単⑨810円　複⑨250円　⑫130円　⑭580円　　ブリンカー＝⑭
馬連⑨—⑫1000円③　　枠連❻—❼440円②
馬単⑨—⑫2600円⑨　３連複⑨⑫⑭15530円㊾
３連単⑨⑫⑭75770円234
ワイド⑨—⑫460円③　⑨—⑭4690円㊻　⑫—⑭2160円㉗

インパルスヒーロー（12番人気）を置き、3列目が②リルダヴァル（6番人気）、⑧コウヨウアレス（9番人気）、⑩ブレイズアトレイル（4番人気）、⑪アロマカフェ（8番人気）を置いた3連複フォーメーションを買ったら、1列目の⑨クラリティシチーが勝って、2列目の⑭インパルスヒーローが3着。ここまでは理想通りだが、2着が1番人気の⑫シャイニープリンス。それで3連複が155倍。3連単は757倍。この1番人気馬が消えると予想したこと自体恥ずかしいが、ちょっと前のようにがんがん行っていたときなら、12番人気の馬を2列目に置いていたのだから、この3連単もワイド⑨⑭（4690円！）も楽勝で仕留めていただろう。そうしたら思い切り叫べていたのに、と思うとホント、悔しい。もう一生叫ぶ日は来ないのではないか、と思う今日このごろなのである。

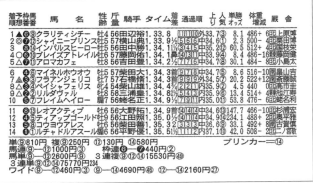

ミー子との再会

ミー子が東京にやってきた。久しぶりに馬券を買いたいというので東京競馬場で待ち合わせた。本当は馬が走っている中山へ行きたいところだが、調布住まいのトシキが「中山は遠いなあ」と言うし、まあ、みんなでわいわいがやがやと馬券を買うのが楽しいのだから、場所はどこでもよろしい。

ミー子が東京競馬場に来るのは10年ぶりである。ちょうど10年前のオークスの日、私と2人で東京競馬場の指定席に出撃したのだが、あれ以来だという。シーザリオが勝ったオークスだ。ミー子とは本当によく一緒に競馬場に行った。東京、中山はもちろんだが、中京にも、京都にも、阪神にも行った。3連複の試験発売のときだったか、「明日、新白河に行くぞ」と連絡すると「あたしも行きます！」とすぐに返事が返ってきたこともある。そうか、福島へも新潟にも行った。小倉は彼女の生家がある街だから、夏になると毎年小倉競馬場で会った。ミー子と行かなかった競馬場は、北の2場だけである。遠征に行くときはいつも誰かが一緒だったが（藤井君や大声の宮部や、トシキなどなど）、みんなから愛されている子なので、彼女が参加するとにぎやかで楽しい。再婚して東京を離れることになったときは、ホント、淋しかった。

これまでも一郎くんに柴田くんのセーネン軍団、さらにプーの鎌田に大声の宮部に富田など、毎週のように一緒に競馬場に行っていた競馬友達が、仕事の都合や家庭の事情などで、あるときから来れなくなるということは少なくない。結婚、就職、転勤、資金難などなど、競馬を続けられない理由はたくさんある。むしろずっと続けているほうが奇跡なのだ。ミー子もこの10年はGIの馬券をときたま買う程度であったという。娘さんが大学を卒業して東京に就職したので、今度からはしょっちゅう東京にきますと宣言していたが、そうか、あのときの娘さんがもう就職なのか。しばらく感慨にふけってしまった。

ミー子の娘さんが小学4～5年生のときに東京競馬場で会ったことがあるのだ。指定席の列に私とトシキが並んでいたら、ミー子が娘さんを連れてやってきた。小学生の女の子は私らとミー子が話している間、座り込んでマンガを読んでいたっけ。人んちの子は早く育つ、とよく言うが、本当にそうだ。

ところで、「1番人気が4着以下に沈むレース」は、日経賞があったこの日、3場36レースで13。だいたい3分の1だ。どうもこのあたりが平均値のようである。この日は7レース選択して、当たりが3レース。馬券が的中したわけではなく、「1番人気が4着以下に沈むレースを予想するコンテスト」で、7レース選んだら、そのうち3レースで本当に1番人気が4着以下に沈んだということだ。だんだん予想の精度が上がってきたような気がしないでもない。しかも先週までの結果を反省して、今週は3連複のフォーメーションをやめてボックス作戦にしたのだ。1列目の軸馬があまりに来ないので、じゃあ5頭ボックスにしようと変更したのである。

たとえば中山1Rで私が選んだ5頭は、⑤ヴィルフランシュ、⑪マサノエリザベス、⑫アドラビリティ、⑬デイトナ、⑭デイトリッパーの5頭。人気は順に、3番人気、2番人気、7番人気、8番人気、4番人気。これを各100円。それだけではつまらないので、⑪⑫⑬の馬連ボックスを各200円。これで総額1600円。大人だなあと自画自賛。レートはこれでいいのだが、問題は結果で、私の選んだ5頭はただの1頭も3着以内に入らないからショック。しかも1番人気がしっかり2着に食い込んでいるのだ。勝ったのは5番人気の⑮カンデラで、3着が15番人気の③ファストクリスで、3連複が15万、3連単が71万の大波瀾。1番人気が飛ばなくても配当的な大波瀾はあるのだ。ふーん。

フォーメーションでもだめで、ボックスでもだめなら、あとは何があるんだろう。「1番人気が4着以下に沈むレースを予想する」こと自体はだんだん面白くなってきたが、結果が伴わないからその点ではつまんない。

この日の中山最終レース。「1番人気が4着以下に沈むレースを予想する」前日検討では、1番人気は消えないと判断したレースなのだが、パドックを見ているうちに、①ライズトゥフェイム（1番人気）と⑨タブレットピーシー（5番人気）で堅いような気がしてきた。オッズを見ると馬連は約10倍。ここに1万、入れちゃおうかと思った。しかし、そういうバカなことはもうやめたのだと結局はケン。すると本当にこの2頭で決まって馬連は850円。おお、チャラになったのに！　でも一度バカなことをやって味をしめると次からまたやりたくなり、大変な目に遭う。もうそんな人生を繰り返したくないのだ。絶対にイヤなのだ。しかししかし、今回だけはバカなことをやってもよかったのではないか。頭の中がぐるんぐるんしてくるのである！

馬券が当たると競馬は楽しい

そろそろ当たるような気がしていた。何の根拠もないけれど、朝からそんな気がしていたのだ。「1番人気馬が4着以下に落ちるレース」を前日に予想することが最近の習慣になっているが、その精度が徐々に高くなっている。あとは軸馬がいつ飛び込んでくるかだ。時間の問題と言っていい。先週はフォーメーションではなくボックスにしてみたが、これも不発であったので、今週はまたフォーメーションに戻してみた。さらに今週の改良点は、結果的に1番人気を指名してもいいとすること。「1番人気馬が4着以下に落ちるレース」を予想して、そういうレースで3連複フォーメーション馬券を買うというのに1番人気を指名するとは矛盾しているが、まあ、聞いてくれ。

いつだったか私が軸馬にした穴馬が1着できたのに1番人気馬が2着にきて3連複を仕留められなかったレースがあった。具体的に言えば、2回中山6日目の10R東風Sだ。私の軸馬である⑨クラリティシチー（3番人気）が1着、2列目に置いた⑭インパルスヒーロー

（12番人気）が3着して、ほぼ完成していたのに、2着にきたのは1番人気の⑫シャイニープリンス。この3連複が幾らだったと思いますか。なんと155倍だ。多額の馬券勝負をしている人には何の役にも立たない額だろうが、いまの私には宝物のような配当だ。「1番人気馬が4着以下に落ちるレース」を予想して、そういうレースで3連複フォーメーション馬券を買うのだから、1番人気馬をいくらなんでも1列目にも2列目にも置かないが、3列目の馬を5頭選ぶとき、最後の1頭に悩むことが結構ある。1頭→3頭→5頭の3連複フォーメーションが基本だから、ようするに9頭を選ぶということで、8頭も選んだらこれ以上はもういないよ、ということが往々にしてあるのだ。そういうときに最初に消した1番人気馬をそっと3列目に置くのは認めてもいいのではないか。それに混戦レースで1番人気がどの馬になるのかぎりぎりまでわからないことも時々ある。こういうときは、上位人気の2頭を切らずに選んでもいいことにしたい。しかし、上位人気馬を選ぶときはすべて3列目とすること。これまでは人気が決着するのをぎりぎりまで待っていたり、面倒だから2頭とも切ってしまったりしていたが、今週からその点を変更することにした。

もう一つの改良点は、レース数をもっと絞り、その代わり、18点の金額を増やすこと。たとえば今週、3回中山4日目でリハビリ3連複フォーメーション馬券を買うのは、中山5R、中山8R、中山12Rの3つだけ。極端に絞ってみた。まず中山5Rは、3番人気の

着順	予想	枠番	馬番	馬名	性齢	斤量	騎手	タイム	着差	通過順	上り	人気	単勝オッズ	体重増減	厩舎
1	○	❶	①	ゴールデンハープ	牝3	54	岩田康	2.02.8		6 9 9	内35.6	②	2.7	456－4	南戸田博
2	△	❻	⑫	ラックアサイン	牝3	54	大野拓	2.02.9	½	8 7 ⑥	外35.8	③	5.6	470＋2	南栗田徹
3	△	❽	⑯	グローリアスレイ	牝3	54	吉田豊	2.02.9	頭	9 7 6	外35.8	⑥	20.0	460－4	北土田稔
4	▲	❶	②	レッドベリンダ	牝3	54	戸崎圭	2.02.9	頭	3 5 4	内36.0	①	2.7	436－10	南古賀慎
5	◎	❺	⑩	ダイワグローリー	牝3	54	三浦皇	2.03.0	首	12 10 10	外35.7	④	7.7	492－4	北上原博
5		❼	⑮	サンフラワー	牝3	54	長岡禎	2.03.0	同	3 3 ②	中36.3	⑱	270.5	458＋6	南武市康
7	△	❹	⑧	ダブルフラワー	牝3	54	嘉藤貴	2.03.1	1¾	⑨ 12 10	内35.7	⑤	18.1	476－4	南佐藤吉
8		❽	⑰	ターンブルブルー	牝3	54	丸田恭	2.03.3	1¼	15 13 13	外35.8	⑯	191.2	424－6	南畠山吉
9		❺	⑨	ラインキュート	牝3	54	的場勇	2.03.4	¾	15 15 15	外35.5	⑮	181.4	416－2	北水野貴
10		❸	⑥	イナズマイーリス	牝3	54	柴山雄	2.03.6	1¼	9 10 10	中36.3	⑪	103.5	442	北金成貴
11		❼	⑭	スカイトップ	牝3	54	松岡正	2.03.7	½	13 13 13	内36.2	⑬	135.2	430　0	南大竹正
12		❽	⑱	ラブンツェルダンス	牝3	54	江田照	2.03.8	½	6 3 4	中37.0	⑦	57.0	450－14	南矢野英
13		❷	③	プチテアートル	牝3	54	柴田大	2.03.8	首	⑮ 17 16	中35.4	⑫	135.1	412＋2	南武市康
14		❹	⑦	タカラドリーム	牝3	51	伴　啓	2.03.9	½	2 2 1	内37.3	⑭	141.9	444－4	北藤原辰
15		❻	⑪	コスモパープル	牝3	54	丹内祐	2.03.9	頭	5 5 6	中37.0	⑰	214.2	474＋9	北和田郎
16	△	❸	⑤	ビヨンドザワルツ	牝3	51	木幡初	2.04.1	1¼	13 16 16	内36.1	⑨	77.2	430　0	南矢野英
17		❼	⑬	ボンヌジュルネ	牝3	51	石川裕	2.04.5	2½	18 18 18	内35.8	⑧	67.3	432　0	北中野栄
18		❷	④	マサノボーラー	牝3	54	藤岡康	2.05.3	5	1 1 2	内38.7	⑩	79.7	434－12	栗日吉正

単①270円　複①140円　⑫190円・⑯250円　　　ブリンカー＝⑱⑦
馬連①―⑫960円③　　枠連❶―❻450円②
馬単①―⑫1480円④　３連複①⑫⑯4800円⑭
３連単①⑫⑯15120円㊴
ワイド①―⑫410円③　①―⑯780円⑨　⑫―⑯1310円⑫

3回中山4日　5R　3歳未勝利

⑫ラックアサインが1列目で2着、6番人気の⑯グローリアスレイが3着。これで人気薄が1着に飛び込んでくれれば万々歳だが、1着は2番人気の①ゴールデンハープ（3列目だ）。だから配当はたいしたことがなく、4800円。私はこの馬券を500円仕留めたので配当は2万4000円。ちなみにこの5Rに入れた金額は、1点ずつ金額を変えていき、総額で4600円。レースを絞るぶんだけ18点の総金額をこのように増やしてもいいとしたのだ。その総金額は、だいたい4000円から5000円を目安にしたい。

なんとこの日は12Rも的中。1着が1列目の⑯チュウワベイビー（7番人気）、3着が2列目の⑮シュナップス（6番人気）。これで人気薄の馬が2着に飛び込めば高配当も期待できたが、3列目に置いた2番人気の⑭キョウエイハピネスが2着で、その配当は6830円。私は400円持っていたので配当総額は2万7320円。ちなみにこのレースに入れた総金額は4000円である。8Rは外れてしまったが、なんと3レース中2レースを仕留めたのだから本人がびっくり。5Rで2万4000円、12Rで2万7320円、合計5万1320円がこの日の配当なので、久々にプラスかと思われるかもしれないが、終わってみるとチャラ。というより12Rをゲットしてようやくチャラに持ち込んだのである。

と言うのは、改良点の3、というのがまだあって、リハビリ3連複フォーメーション馬券は1日に3つか4つくらいに絞るけれど、たとえばメインの重賞とかは、まあ控えめな金額にはするけれど、リハビリ馬券の対象外にすること——という項目を新設したのである。気持ち的にはリハビリが中心ではあるけれど、全面的に俯《うつむ》いて過ごすことはない、というのが熟慮の末に出した結論なのである。で、そっちにばんばん突っ込んで全部溶かしてしまった。

それにしても馬券が当たるのは、ほぼ2ヵ月ぶりなのではあるまいか。この間、ゴール前で叫ぶことがいっさいなかったので、とにかくつまらなかった。まだまだ配当金額が安くて物足りないことは事実だが、馬券が当たると競馬は面白い。なんだか競馬の原点を教えられたような気がする。

バカなことはするな！

最近、競馬が楽しくなってきた。勝っているわけではない。大負けしていないだけだ。それでも十分に楽しい。この2ヵ月、週末が来るたびに貯金がごそっと減ることの繰り返しだったのだが、そういう事態がなくなるだけで、こんなにも安らかな気持ちになるとは。これもリハビリ馬券術のおかげである。1番人気馬が4着以下に落ちそうなレースを予想する——ただこれだけのことなのに、私の競馬生活が革命的に変化してしまった。たとえば前日に検討して、「1番人気馬が4着以下に落ちそうなレース」が12レースあったとしよう。これは同時に、残りの24レースは1番人気が3着以内に入りそう、ということでもある。そういうレースに手を出してはだめだ、と先達は言うのだ。あくまでも「1番人気馬が4着以下に落ちそうな12レース」が馬券購入の対象なのである。これが少しずつ身にしみてくると、購入レースがホントに減るからびっくり。以前は、1日の購入レースが20を超えるのは珍しいことではなかったのに、最近は10レース前後にとどまっている。驚くほどの変化だ。

実際は、「1番人気馬が4着以下に落ちそうなレース」が12レースあったとしても、自信のある軸馬が見つからず、手を出すのはそのうちの5レース以下である。それなのに、1日の購入レースが10レース前後に膨れ上がるのは、やはりそれだけでは済まないからだ。各場のメインレースは買いたいし、魅力的な穴馬をみつけてしまうと、1番人気馬が消えないレースなら、穴馬と1番人気馬のワイドを買えば当たるということではないか。それなら2頭軸の3連複でもいいかも。ついでに馬連も、とかなんとか妄想が膨れ上がってついい手を出してしまうこともないではない。購入するのは自信のあるレース4つか5つだけ、というふうになれば私も本物なのだが、まだまだそこまでは身についていない。それでも制限がないのとあるとでは大違いで、もう以前のように20を超えることはほとんどない。

もう一つは、またまた熱心に検討するようになったこと。検討しても当たるというものではないが、翌日の購入レースを決めるためには1番人気が堅いのかどうかを検討しないとその先に進めないので、全レースをきっちり検討するようになった。最近は、そういう検討がややなおざりになっていたことは否めない。つまり原点回帰である。もともと私、競馬に関するデータ、あるいは資料の類いを読むのが大好きで、新刊はこまめにチェックしているのだが、では毎週熟読しているかとなると心もとない。それをこのところ、かたわらにおいて検討するのだ。競馬を始めたころは前日に6時間は検討していたものだが、正直に告白するとだんだん少なくなってきて最近は1時間程度になっていた。これはもはや検討とは言えないだろう。それもいまでは3時間前後に復活。なんだか競馬してるなあという気になってくる。1番人気が飛ばないはずなのに飛んじゃって大荒れになったりすると、新聞に目を落とし、どうしてこんなに堅いと思った馬が消えてしまうんだろうなどと考えることも楽しい。これも競馬初心者のころにやった復習だが、最近は終わったことは気にしないと振り返ることがなかった。振り返ったところでその理由はわからないことが少なくないのだが。

しかしまだまだ新フォームは身についていないので、ほんの少しのことで崩れていく。3回中山6日目、つまり西で桜花賞が行われた日だが、阪神3Rで、⑪アレスバローズがどうやっても堅いだろという気がしてしまった。この阪神3Rは「1番人気が消えないレース」で、その⑪が1番人気馬なのである。だから本来は購入対象にならないレースなのだが、鉄より堅いならこの馬を軸にして3連複を買うのはどうか。そう思ってしまったのである。この日は午前中に買うレースがなく、暇を持て余していたということもある。馬連は堅くおさまる可能性があるが、3着には人気薄が飛び込んでくるかもしれない。だから3連複だ。というわけで、この馬を1頭軸にしてヒモ5頭に流す3連複をつい買ってしまった。

人気馬同士で決まっても20倍以上はあるので、トリガミにはならない。人気薄が飛び込んでくれば高配当の場合もある。ちなみに私の買った10点のうち、最高オッズは16万。その1番人気馬が危なげなく勝って2着も2番人気というつまらない結果だったが、3着は私の予想どおり9番人気馬が飛び込んで3連複は8980円。この3着馬を押さえていなかったから私の馬券はスカ。

これで止まらなくなり、久々にこの日の購入レースは10を超えて14。これではいったいどうなるんだという危機を救ったのは中山12R。例の3連複フォーメーションで1万1850円という配当を本線で仕留めて危うくチャラ。もう二度とバカなことはしないように！

先週の日曜中山最終の話の続きだが、勝った⑭コリンブレッセ（9番人気）を、前日予想では3列目に置いていた。2着の⑮ヴァーノン（4番人気）が1列目、3着の②ジェネシスロック（2番人気）が3列目。だから、前日予想のまま馬券を買っていたら、3列目→1列目→3列目という結果になり、1万1850円の3連複フォーメーションは外れていたことになる。当日に⑭コリンブレッセを2列目に上げたおかげで馬券がヒットしたわけだが、2列目は本当に重要だ。1列目がせっかくきても、2列目がこないことには話にならない——という話を、西船橋駅前から中山競馬場までのタクシーの中で、シゲ坊にした。そのおかげで先週は危うくチャラだったんだよ、という話である。で、今日はね、リハビリ3連複フォーメーション馬券を買うのは、きのう検討した結果、3レースなんだ。それ以外にもちろん皐月賞は買うけど、それで4つ。本当にそれだけで済むかなあ、と私が言うと、それは無理ですよねえ、とシゲ坊が笑った。それが朝の会話である。

実はそのとき、競馬場までやってきて、本当に全部で4レースしか買わなかったら、オレ、ホンモノだ、と思った。なんとなくできるような気がした。いや、4レースは無理だとしても全部で10レースくらいにおさまれば十分。大事なことはレートを上げないこと。たとえ全部で10レースを買ったとしてもレートを上げなければケガしないで済む。それがいちばん肝要だ。最終レースが終わり、シゲ坊と別れて帰る夕方の道で、その朝のことを思い出していた。リハビリ3連複フォーメーション馬券が3つとも外れたのはいいとしよう。よくはないが、これは仕方がない。皐月賞のパドックでいちばん良く見えたのは②ドゥラメンテで、素直にこの馬から買えばいいのに馬券が外れたことも仕方がないとする。いけないのは全部で15レースも買ってしまったことと、さらに途中からレートを上げてしまったことだ。終わってみれば全治1・5ヵ月。おお、バカバカ！　この3週間、試行錯誤しながら地道にリハビリしてきたのに、すべてを台無しにする暴挙と言っていい。体にしみこんだバカはそう簡単には直らないのである。

それにしてもシゲ坊はすごいなと思う。この日の福島1Rで、「馬券買わないんですか。この丹内、飛びますよ」と言うのだ。なになにと新聞を見ると、この日の福島1Rは3歳未勝利のダート1150m戦。丹内騎乗の③ラッキーダンは、4着3着2着ときた馬で、このレースの1番人気である。最終的には2・7倍になっていたが、シゲ坊が私の耳に囁いたときにはもっと人気を集めていた。で、本当に飛ぶのだ。あるいは阪神6R、こちらは3歳500万下の芝1400m戦だが、その1番人気である⑬グレイトチャーターは「来ませんよ」と言う。「じゃあさ、2番人気の⑩トウショウピストは?」と尋ねると、「それはわかりません」と即答。すると本当に⑬グレイトチャーターは着外に沈み、2番人気の⑩トウショウピストが1着。シゲ坊の言った通りに明暗を分けるからびっくり。他にもずばずば「消える1番人気馬」を当てちゃうから、シゲ坊はホントにすごい。この日、シゲ坊の収支は終わってみるとマイナスだったが、それは仕方がない。馬券が当たるかどうかは時の運だ。それよりも1番人気が消えるかどうかを正確にわかっていることのほうがすごいと思う。

この日は久々にWIN5も買おうと思い、シゲ坊に聞いてみた。阪神10R陽春Sの1番人気である⑫アメージングタクトはいるの? すると明快な答えが返ってきた。「いりません」。おいおい本当かよ、この1番人気を消せるのかよ。最終的に⑫アメージングタクトの単勝は1・9倍だ。こんな馬を消せるとは嬉しい。このレースは波瀾のレースなので、ダントツ人気が消えてもたしかに不思議ではない。すると、何のことはない。この1番人気馬があっさり勝って、私のWIN5は1発目で外れ。ふーん。この日はキングシートに入るために早朝に中山に駆けつけたが、金杯の日とは違って朝早くからスタンド地下に入れてくれるので、皐月賞の日は楽だ。1月とは違ってあんなに寒くもないし、季節も万全。これで馬券が当たればもっと楽しかったろう。まったくなあ。

来週から府中開催が始まる。私のいちばん好きな開催だ。しかし、いちばん苦手な開催でもある。毎年、春と秋の開催では大負けする。今年の2月の開催でも大負けだった。リハビリ馬券を始めることになったのも、2月の府中で何ひとついいことがなく、ひどい目に遭ったからである。その苦手な開催が、やってくる。しかも2ヵ月連続開催だ。リハビリ馬券をどこまで守れるか、本当の試練のときだ。地元開催なのでたぶん毎週通うことになる。競馬場に行ってもなお、いまのフォームを崩さずに過ごせるのか。本当に大丈夫か、頑張れ、オレ。

無駄な馬券を買わないために席を立て

土曜は所要があったので朝馬券を買って外出。その日は早く家に帰って翌日の検討をしようと思ったが、つい飲みすぎてしまい、帰宅したときには頭がぐるんぐるんして、新聞の活字が目に入ってこない。せめてWIN5だけでも予想しようとしたが、どんなに頑張ってもまぶたが閉じてくる。オレの人生もうだめだ、と12時にダウン。平日ならそのまま朝まで眠っているが、翌日も競馬があるときは体の芯が緊張しているので夜中の3時にガバッと撥《は》ね起きた。3時間しか寝ていないが、酔いはすっかり消えている。そのまま朝まで検討して早朝には東京競馬場へ。指定席についてもまだ検討を続けていたので、パドックを見ている暇がなく、3場の1Rはすべてケン。そうか、検討は競馬場にきてからにすればいいのだ。そうすれば余分な馬券を買わなくて済む。

急いで検討した結果、この日の勝負レースは東京4Rとの結論が出た。リハビリ3連複はなんとこの1つだけ。この日は後半に面白いレースが多いので、その東京4R以外には、遊びで買うのが6つ、3場のメインと最終だけだ。つまり1プラス3プラス3で、合計7レースを買うというのがこの日の計画。余分なレースは買わないぞと思ったが、京都2Rが面白そうなので、運試しで購入。3歳未勝利のダート1800m戦だが、大外の⑯ワールドレジェンドが軸として最適だというのが私の予想である。最終的には2番人気になったが、朝検討していたときには5番人気だった。えっ、5番人気なのかよと買う気になったというのが本音。このレースを勝ったのは3列目の⑫メリーモナーク、2着が1列目の⑯、3着が2列目の①フォースフィールド（9番人気）。他のレースを検討しながら急いで購入したので、オッズを確認しながらも忘れていた。幾らぐらいつくかなあと思っていたら、この3連複がなんと2万7390円。おいおい、そんなにつくのかよ。これくらいの配当を取ると、途中でよほどレートを上げなければ、大負けはない。すっかり気持ちに余裕が出来た。この日唯一のリハビリ3連複（つまり東京4R）は、1列目候補が⑱ハーランズキングだったのだが、単勝70倍強の11番人気。この人気を見た途端、自信をなくしてしまった。こんな馬がホントにくるだろうか。しかし決めたんだから仕方ないよな。予想通りに買うと、ええと、何着だったんでしょうか。思いつきで買ったレースが当たり、勝負レースが外れるんだから、競馬というのは面白い。

あとはメインまですることがなく、じっと指定席に座っていると、余分なレースを買うことになりそうだから、場内探索に出かけることにした。途中で昼飯を食い、ターフィーショップをぶらぶらしているうちに帽子を購入。２５００円の出費だが、余分なレースで外れ馬券を買うよりはたぶん節約しているはずだ。日曜だというのに場内は意外に空《す》いている。そういう場内のあちこちを歩いていると妙な色気が体から抜けて自然な気持ちになっていく。レースの興奮から遠ざかることで冷静になるのだ。

　そうだ、生のパドックを見に行こうとそちらに足を向けたのは7Rのときで、そのパドックで気になったのが⑩オニノシタブル（6番人気）。ダントツ人気の⑤メガオパールカフェで堅そうなレースなので、買うつもりのなかったレースだが、ワイド⑤⑩のオッズを念のためにちらっと見ると、約5倍。こういう配当に手をだしてはだめだな、と一度は立ち去ったのだが、せっかく見たんだからと⑤⑩の2頭を軸に、３連複を買うことにした。相手は2番人気⑥マッチレスヒーロー、３番人気⑪メイショウキトラ、７番人気③ダンディーソルの3点。各１０００円で合計３０００円、とあくまでも控えめ路線である。オッズは20倍、30倍、40倍である。この中でもっとも低配当の⑤⑥⑩がヒットするから（3連複は２１５０円）競馬は面白い。これでＷＩＮ５の資金が出来たので、即購入。しかしよかったのはここまでだった。いや、ここまでも上出来で、これで十分なのだが、さすがにこれ以上の当たりはなく、メインに予定よりも多額の金を突っ込んでしまったので終わってみ

ると チョイ負け（ＷＩＮ5はもちろん外れ。買わなければこの日の収支はチャラだった）。土曜もチョイ負けだったので、春の府中の開幕週はマイナスのスタートになったわけだが、しかし大負けよりも遥かにいい。午後の場内探索のおかげで余分なレースを買わなかったのがよかったようだ。

この日は午後に少頭数のレースが多く、これでは買う気も起こらなかったが、もしも面白そうなレースが午後にずらりと続いていたら、それでも場内探索なんてしていただろうか。指定席を立つことが出来ず、つまり体の興奮を冷ますことが出来ず、いつもの道を歩んでいたのではないか。来週から大丈夫かなあ。春の府中は2ヵ月も続くのである。まだまだ試練は続いていく。

藤井君の上京

先週の話の続きだが、日曜のリハビリ3連複の対象は東京4Rだったが、そのレース結果を書いていなかった。恥ずかしかったのだ。しかし隠しても仕方がないので書くことにする。そのレースの1着は⑰アンタラジー、2着⑤コスモカンプ、3着⑦ブレイクエースという結果で、人気は順に、1番人気、3番人気、2番人気である。つまり上位人気3頭が1~3着を独占したことになる。そういうレースがあっても全然かまわないが、私は1番人気が4着以下に負けそうなレースを探したのだ。で、その中でも穴の軸馬とヒモがしっかりしているレースを選んで馬券を買ったのである。つまりは「厳選1鞍」だ。それなのに、上位人気3頭が1~3着を独占なんて、とても恥ずかしい。その3連複の配当は、なんと780円だ。穴の軸馬が来ないのは仕方がない。そういうことは珍しくない。ちなみに私がこのレースで選んだ穴の軸馬は⑱ハーランズキングで、11番人気で11着。人気通りの着順だった。これは仕方がない。しかし「厳選1鞍」なのだから、少なくても1番人気は飛

2回東京2日　4R　3歳未勝利

着順	予想	枠番	馬番	馬名	性齢	斤量	騎手	タイム	着差	通過順	上り	人気	単勝オッズ	体重	増減	厩舎
1	○	❽	⑰	アンタラジー	牡3	56	柴山雄	1.33.8		16 18 14 外	33.2	①	1.8	502	+6	南萩原清
2	△	❸	⑤	コスモカンプ	牡3	56	柴田大	1.34.0	1	5 5 5 外	34.7	③	10.5	484	0	北奥平雅
3	▲	❹	⑦	ブレイクエース	牡3	56	武　豊	1.34.0	首	8 8 7 中	34.4	②	3.6	488	-2	南戸田博
4		❷	③	コスモピンパーネル	牡3	56	石橋脩	1.34.2	1½	6 6 5 内	34.9	⑩	67.1	462	-12	北高橋祥
5		❶	②	トレースオンアイス	牡3	56	横山典	1.34.2	首	⑪ 11 11 内	34.1	⑧	31.4	460	+4	北加藤征
6	△	❻	⑪	マイネルデアデビル	牡3	56	松岡正	1.34.4	1½	1 1 1 内	36.3	⑨	49.4	472	-8	北栗田博
7	△	❺	⑩	レッドアフレイム	牡3	56	田辺裕	1.34.5	首	⑭ 14 14 中	33.9	④	12.7	454		南久保田貴
8		❹	⑧	ロッソマドンナ	牝3	54	蛯名正	1.34.5	頭	3 3 3 内	35.6	⑥	25.7	408	+2	北新開幸
9	△	❽	⑯	シャドウチェイサー	牡3	56	田中勝	1.34.6	½	⑯ 13 12 内	34.3	⑦	28.9	466	-2	北藤沢和
10	◎	❼	⑬	エッケザックス	牡3	56	三浦皇	1.35.1	3	12 12 12 中	34.7	⑤	14.0	442	-4	北鹿戸雄
11		❽	⑱	ハーランズキング	騸3	56	内田博	1.35.3	1	3 3 4 中	36.1	⑪	71.3	466	-8	南武井亮
12		❷	④	ハヤブサゲッツ	牡3	56	吉田豊	1.35.3	首	⑧ 10 9 中	35.3	⑬	136.3	472		北伊藤圭
13		❶	①	ケンブリッジヒカリ	牝3	54	江田照	1.35.5	1	2 2 2 中	36.9	⑮	449.3	486	+2	南星野忍
14		❺	⑨	トーセンコスモ	牡3	56	菅原一	1.35.6	¾	⑧ 9 9 外	35.7	⑫	123.3	474	+4	北本間忍
15		❸	⑥	セイカコムルヴァン	牝3	54	川島信	1.36.3	4	⑱ 15 16 内	35.6	⑱	578.8	434	0	北南田美
16		❻	⑫	コスモワンモア	牡3	54	武士沢友	1.36.3	頭	6 6 7 中	36.6	⑭	283.0	484		南栗田徹
17		❼	⑮	キンノシャチホコ	牡3	56	村田一	1.37.2	5	13 15 17 中	36.0	⑯	523.2	472	0	北大和田成
18		❼	⑭	ティアップフェイム	牝3	54	大野拓	1.38.2	6	14 18 18 中	36.6	⑰	552.9	442	+2	北高木登

単⑰180円　複⑰110円　⑤170円　⑦120円　ブリンカー＝⑤
馬連⑤—⑰930円②　枠連❸—❽770円②
馬単⑰—⑤1320円③　3連複⑤⑦⑰780円①
3連単⑰⑤⑦3640円④
ワイド⑤—⑰320円②　⑦—⑰160円①　⑤—⑦340円③

んでほしい。百歩譲って1番人気がきたとしても、2着とか3着に人気薄の馬が突っ込んでほしい。それが私の穴の軸馬ではなくても「荒れそうなレースを選んだ」という私の予想が幾分は当たったことになるからだ。それなのに、上位人気3頭が1～3着を独占なんて、つらすぎる。

　と、ここまでは先週の反省。今週はそれ以上の反省をしなければならないのだが、その前に朗報を一つ。実は藤井君が東京競馬場にやってきたのだ。三重県の藤井君は当欄の愛読者で、ファンレターを貰ったのが最初のきっかけだった。いまから15年前のことである。そのうちに一緒に競馬場に行くことになり、関西とか小倉に行くときはいつも遠征仲間だった。彼が上京するときはもちろん一緒で、そうなるとたそがれのトシキとか大声の宮部とか私の知人に会うことになり、みんなに好かれるやつだから、宮部が大阪に単身

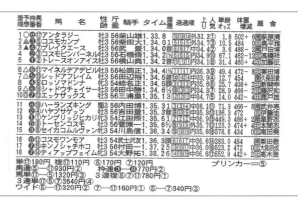

赴任していたころは私を抜きで、2人で中京競馬場に行ったりしていた。

藤井君の了解を得たのでここに書くが、彼が心室細動で倒れたのは昨年の6月である。7月に一緒に中京競馬場に行く約束をしていたのに連絡が取れず現れず、まさかそのとき集中治療室にずっといたなんて知らなかった。医者が驚くほど奇跡的な回復をして、無事に生還したわけだが、言葉も明瞭で、とてもそういうことがあったとは信じられない。会社も今年の1月に復帰した。その彼がゴールデンウイークに家族で上京したのである。奥さんと娘さんはディズニーランドに行き、藤井君は東京競馬場にやってくるというので、トシキと出撃したわけだが、競馬場にくるのは昨年のダービー週にでかけた京都競馬場以来だという。そうだ、あのときオサムと藤井君と3人で京都競馬場に行き、次は夏に中京競馬場で会おうと約束して別れたのだ。なんだか遠い昔のような気がしているが、あれはちょうど1年前のことである。そうか、あれからの1年は彼にとって激動の1年だったんだ。藤井君は46歳。まだ娘さんも幼いからこの間、奥さんの心痛も大変だったろう。それを思うと、会社に復帰したとはいえ、競馬なんてやっている場合ではないだろとの意見はあるかもしれない。しかし、1日も早く競馬仲間と一緒に競馬場に行きたいという思いが、彼のリハビリのモチベーションになっているのだ。

藤井君は酒が好きで、昨年の2月に東京競馬場にきたときは昼間から競馬場でがんがん飲んで酔っぱらい、最終レースが終わってから居酒屋に行ったときはもうべろべろだった。翌日の集合時間を何度も聞いてきたのもその酔いのせいだったろうが、それがあまりにしつこいので私は怒ってしまった。翌日競馬場で会ったときは借りてきた猫のようにおとなしく、その日の帰りに居酒屋に入ったときも前日のことが嘘のように静かだったことを思い出す。その酒が倒れたことの直接の原因ではないのだが、深酒は控えるようにと医者に言われ、いまもそれは守っていると言う。最終レースが終わってから府中駅近くの居酒屋に移動しても、藤井君はほとんど飲まなかった。ディズニーランドから帰ってきた奥さん一行を待って府中駅で別れたが、それにしても本当によかったと思う。

今週、禁を破ってどんどん突っ込み大負けしたのは、藤井君の回復と直接の関係はない。私のリハビリ・フォームがまだしっかり完成していないということだろう。思い出すのもイヤなので今週のことは早く忘れたい。なかったことにする！　リハビリ３連複の原点に戻り、丁寧に検討するところからまた始めたい。今週のＷＩＮ５で、オアシスＳの⑩カチューシャを指名すれば、それだけで８００万だったのだ、どうしてこの馬を指名できなかったのだろう、とじっと新聞を見ているのである。

もういいんだ

大負けした日は何も覚えていない。最終レースが終わってから、はっと冷静になって、こんなに負けてしまったんだと胸がちくんと痛くなっても、具体的にどこでどういうふうに失敗したのか、まったく思い出さない。いつもそうだ。ようするに、どのレースで失敗したという話ではないのだ。丸ごと全部が失敗なのである。NHKマイルの日も最終レースが終わってから、西門前に並んだテーブル席でビールを飲みながら、深く深く反省していた。土曜と日曜で全治2ヵ月。さんざん痛い目に遭ったのでリハビリ馬券術を始めたはずなのに、どうしてこんなに負けるんだろう。あちこちからやりくりして集めた金をどんどん穴場に突っ込んで平気でなくしてしまうのだから、その神経が理解できない。いや、最近はずっと競馬場にきてもPAT投票だから実際には金を穴場に突っ込んでいるわけではない。画面に数字を打ち込んでいるだけである。正確に言えばそういうことになるが、気分としては穴場に突っ込んだ気分。

ずいぶん昔、札幌競馬場に行ったとき、行きの飛行機の中で必勝法をひらめき、それを実践したら、これがとんでもない馬券作戦で、腰が抜けるほど負けてしまったことを思い出す。１日であんなに負けたのはそれ以降はサクラチトセオーが勝った秋の天皇賞の前日だけだ。札幌競馬場の穴場に文字通りどんどん突っ込んで玉砕した日の哀しみと痛みと猛烈な自己嫌悪はまだ覚えている。自分がダメな人間であることを知るのは大変つらい。成長がないのを知るのはもっとつらい。

「ぼくたち、毎年来てるのに勝てないですねえ」とシゲ坊が言う。ＮＨＫマイルはこの５年、毎年シゲ坊と出撃するのだが、勝ったことがないのだ。とはいっても、大負けの私に比べればシゲ坊は小負け。なにしろそのＮＨＫマイルがシゲ坊予想の○↓◎↓▲なのである。この日の東京２Ｒ（３歳未勝利のダート１３００ｍ戦）でも、まったく同じく○↓◎↓▲の決着で、ところどころこういうふうに予想を当てるから、彼の場合は大負けにならない。楽しかったのはこの日の朝、指定席に座って開門を待つ間、シゲ坊と一緒にＷＩＮ５の予想をしたことだ。どうするこれ？　いらないでしょ。え、これを切るのかよ、とかなんとか相談し合っているわけではないが、ああでもないこうでもないと話しながら検討したことを思い出す。この日のＷＩＮ５は難しく、シゲ坊は京都10Ｒを、私は京都11Ｒを多頭数指名にしたいので、どこかで１頭指名のレースを作らなければならず、最終的には

ＮＨＫマイルを1頭指名にしてしまった。よし、ミュゼスルタンを1頭指名にする！と私が宣言するとシゲ坊も「ぼくもそうします！」と宣言。私の馬券の本命はその馬ではないのだが、検討しているとその結論になってしまった。シゲ坊も、彼の予想ではミュゼスルタンは▲にすぎないのに、「そうですよね。自分の本命なんか来るわけないもんなあ」と自信がないのか謙虚なのか、私と同じ馬を選んで1頭指名にするから愉快だ。毎週全レースを予想して送るほど熱心であるのに、こういうところが好きだ。ま、そこまで行かないんじゃないの、とそのときは半分冗談で言っていたが、本当に最初の京都10Rで2人ともドボン。この日のＷＩＮ5の配当は２０００万強だったから、たしかに難しい日だった。

一つだけ思い出した。新潟大賞典の返し馬がモニターに映ると、⑬アズマシャトルの動きが超ぴかぴかだったのだ。あわててオッズを見るとその時点の複勝は３・５倍。検討の段階でも○をつけていた馬である。迷うことなくその複勝に1万突っ込んだ。これはＰＡＴ投票ではなく、現金を文字通り穴場へ。その段階ですでに大負けしていたのだが、これをその日のうちに取り戻すのは無理だとそのとき考えたのである。だったら、複勝転がしをしよう。３倍の複勝を1万取れば３万。その先は2倍の複を狙ってそこから5回転がれば最終的には96万。これでいいではないか。その日の負けだけでなく、今期の負けを取り戻せる。そうひらめいたわけである。その日のうちに取り戻すことを狙わない、というのは大人の選択のようではあるが、複ころで百万近くに膨らまそうというのははたしてどうか。冷静になればそうも思うのだが、そのときはグッドアイディアと自画自賛。現金を穴場に突っ込んだのは転がすときに馬券があったほうがいいからだ。ＰＡＴで買うとほかの資金とごっちゃになって、どれが転がし分なのかがわかりにくい。そこまで考えて現金を穴場に突っ込んだのに、その結果は書きたくない。

ＧⅠの日だというのに西門前の屋台村は人が閑散としていて、しかもこの日は肌寒く、座っていても落ちつかない。ただでさえ大負けで気持ちが弾まないのに体まで寒いのではやりきれない。もういいんだ。オレの人生なんてどうでもいいんだ。

シンヤ君の1点買いが的中

ヴィクトリアマイルが終わってしばらくすると、「いまの、２０００万みたいですよ」とシンヤ君が言う。なにをバカなこと言うのか。07年のＮＨＫマイルは、17番人気のピンクカメオが1着で、２着は1番人気のローレルゲレイロ、３着が18番人気のムラマサノヨートー。それで３連単の配当が９７３万だった。くどいようだが繰り返すと、17番人気→1番人気→18番人気で、９７３万である。それに比べて、今年のヴィクトリアマイルは、勝ったのが5番人気の⑤ストレイトガールで、２着が12番人気の⑦ケイアイエレガント、３着が18番人気の⑱ミナレットである。つまり、５番人気→12番人気→18番人気だ。12番人気とはいっても、その単勝は47倍にすぎない。それで２０００万円はないだろ。17番人気と18番人気が２頭も3着以内に入って（しかも1着が17番人気だ）９７０万だったのだから、それに比べればたいしたことはない。たぶん２００万の間違いだ。

競馬場には半可通が多い。ゴールした瞬間に「これは大穴だ」と言うやつが時にいるが、たまたまそいつの持っている新聞で印がない馬がワンツーしただけで他の新聞には結構印が付いていることが少なくない。いるんだよそういうやつが。と思ったら、ホントに2000万でびっくり。ダントツの1番人気馬（ヌーヴォレコルト）がコケたのが大きかったのだろう。07年のNHKマイルはローレルゲレイロが1番人気とはいっても人気的には大混戦で、抜けた1番人気馬のいた今年のヴィクトリアマイルとは根本的に違っていた。そのダントツ人気馬が飛んでしまったのだから、これでは2000万になっても仕方がない。しかも3着に入ったミナレットが単勝290倍強というダントツの最下位人気馬だ。いやはや、すごい。

シンヤ君は最近知り合った青年で、2月の府中に初めて一緒に行ったとき、競馬新聞の馬柱の読み方をコーチした。馬柱がわかると競馬は面白い。昔から初心者を競馬場に連れていくときは競馬新聞の読み方をまず最初にレクチャーすることにしている。シンヤ君はこの日が2度目で、2月の府中に比べれば爽やかだから、途中で場内を散策したりして満喫していたようだ。そのシンヤ君が「取りました」と言ったのは東京4R（3歳未勝利の芝1400m戦）が終わったときだ。私は4番人気の⑪クィーンパレットを1列目に置いた3連複を買っていたのだが、その⑪クィーンパレットが中団から伸びても5着が精いっぱいだったので、あ～あとがっかり。しかも勝った③ステラレガーロが返し馬の動きが素

着順	予想	枠番	馬番	馬名	性齢	斤量	騎手	タイム	着差	通過順	上り	人気	単勝オッズ	体重	増減	厩舎
1	△	❷	③	ステラレガーロ	牝3	54	田中勝	1.22.4		15 13	中33.6	⑤	9.9	432	-2	南 栗田徹
2	▲	❸	⑤	トリノレージョ	牝3	54	岩田康	1.22.5	½	3 4	内34.6	③	5.0	416	0	南 田中剛
3	○	❼	⑭	コスモカンプ	牡3	56	柴田大	1.22.7	1½	3 2	中35.0	①	2.5	488	+4	北 奥平雅
4	△	❹	⑦	フクノハイスピード	牝3	54	横山典	1.22.8	首	1 1	内35.2	⑥	20.6	426	0	北 的場均
5	△	❻	⑪	クィーンパレット	牝3	54	石橋脩	1.22.8	首	6 6	中34.7	④	9.8	430	-4	南 柴田人
6		❼	⑮	ボンジュールチカラ	牡3	56	和田竜	1.22.9	½	3 5	中34.9	⑬	232.3	446	0	北 天間昭
7		❸	⑥	レオフラッパー	牝3	54	柴田善	1.23.1	1¼	12 11	内34.5	⑧	54.5	458	+4	北 杉浦宏
8	▲	❷	④	エクストラペトル	牝3	54	ルメール	1.23.3	1¼	8 10	中34.8	②	3.1	444	+8	北 加藤征
9		❺	⑨	テイエムレジェンド	牡3	56	江田照	1.23.4	½	8 8	外35.1	⑨	61.4	434	-8	北 石栗龍
10	◎	❼	⑬	レッドファーレン	牝3	54	丸田恭	1.23.6	1¼	2 3	中35.8	⑦	49.7	434	+4	北 宗像義
11		❽	⑰	アイスブラッサム	牝3	54	北村宏	1.23.8	1½	8 8	外35.4	⑩	87.9	410	+2	南 黒岩陽
12		❶	①	メイスンセンター	牝3	54	柴山雄	1.23.8	鼻	16 16	内34.6	⑫	213.0	440	+2	南 小島茂
13		❻	⑫	ジカンリョコウ	牝3	54	藤岡康	1.23.9	¾	14 15	外35.0	⑮	366.2	398	-6	北 谷原義
14		❽	⑯	トラディショナル	牡3	56	武士沢友	1.24.0	½	17 17	中34.7	⑯	366.8	440	-2	南 古賀史
15		❶	②	ラビットボーテ	牝3	54	嘉藤貴	1.24.0	首	6 6	内35.8	⑪	182.6	418	-2	南 伊藤伸
16		❺	⑩	キタノユメ	牝3	54	勝浦正	1.24.3	2	11 13	外35.5	⑰	388.5	416	-6	北 高橋博
17		❹	⑧	シャインワンハート	牝3	54	木幡広	1.24.4	首	12 11	外35.7	⑭	357.5	442	-2	南 小野次
18		❽	⑱	ゴールデンサークル	牝3	54	川島信	1.24.5	½	18 18	内34.9	⑱	537.5	458	0	北 的場均

単③990円　複③250円　⑤160円　⑭120円　　ブリンカー＝⑭
馬連③—⑤2920円⑩　　枠連❷—❸560円③
馬単③—⑤6690円㉔　３連複③⑤⑭2080円⑥
３連単③⑤⑭18480円㊾
ワイド③—⑤760円⑨　③—⑭510円⑥　⑤—⑭290円②

2回東京8日　4R　3歳未勝利

軽かった馬なので、どうしてこの馬を軸にしなかったのかとぐるんぐるんしていたときに、シンヤ君が呟いたのだ。その手元の馬券を見ると、③ステラレガーロから⑤トリノレージョへの500円馬単馬券。なんと1点買いである。えっと思った。③ステラレガーロは5番人気で、⑤トリノレージョは3番人気の馬である。急いで調べると、その馬単の配当は6690円。それを500円だと！　どうしてそんな馬券を、しかも1点買いで買えたのか。君は馬券の天才か。するとシンヤ君は、指定席の机の上に置いてあったお茶のボトルを手に持つのである。「さっきの話を聞いて、買いました」。えっ？　あ、そうか。

シンヤ君の机の上に置いてあったのは伊藤園の駿馬茶というやつで、そのボトルにはディープインパクトの全成績が印刷されていた。いや、私は手にしなかったので詳しくはわからなかったが、印刷した薄いフィ

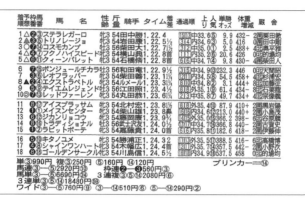

ルムのようなものが巻かれていたのかも（あとで確認したら競馬場の売店で山のように売られていた）。で、その全12勝の足跡を見てシンヤ君が「化け物ですねえ」と言ったのである。最近競馬を始めたばかりの彼も、ディープインパクトの名前は聞いたことがあったようだが、具体的にどう強かったのはもちろん知らず、新馬戦からずっと勝ちつづけた足跡を見て、思わずそう呟いたわけだ。で、国内で唯一負けた05年の有馬記念のところを指さして、このときディープを負かしたのがハーツクライなんだよと私が言ったのである。

ここまでならよくある話だ。競馬初心者にむかって、昔のことを話すのはこういうときの定番と言っていい。それを聞いたシンヤ君が、その4Rにたまたまハーツの子とディープの子が1頭ずつ出走していたのを見て、馬単馬券を買いに行ったというわけである。それがヒットしちゃうから、競馬はホント、面白い。この日はこの浮きを全部使ってしまったらしいが、2000万レースを目撃するという貴重な体験はするし、西門前の屋台村でしばらく飲んだあと、面白かったなあと帰っていった。

自分のことはもう書きたくない。東京4Rの⑪クィーンパレットの複勝馬券をじっと眺めるのである。転がしをやるつもりだったので現金を持って穴場まで買いに行ったのだ。どうしてこんなに自信があったのだろう。その1万円馬券をじっと見ているのである。

パドック診断が炸裂

　次のレースの検討をしていたら、テレビでレース実況が始まったのであわてて顔を上げた。スタートしてから最初のコーナーを回るまでに自分の軸馬がどの位置を取るか、結構緊張する瞬間だ。最初のコーナーを回ったときにはだいたいの位置取りが確定するから、それまでにいい位置を取れよ、と祈るように見るのである。ところが、以前も当欄に書いたと思うけれど、私の軸馬は10番手であることが圧倒的に多い。前から順番に数えるよりも、後ろにいるのは何頭だとそっちを数えるほうが、残念ながら早い。いつも差し馬を買っているというわけではない。先行馬を買ったはずなのになぜかいつも10番手なのだ。その位置から全馬を綺麗に差し切ったり、あるいは徐々に位置を上げていき、最後には1着でゴールすることもないではないので、その段階で諦める必要はないのだが、私の場合、その10番手のままゴールに突入することが少なくない。そのときも私の軸馬の後ろにいる馬の数を数えると、ええと6頭。ということは10番手だ。やっぱりなあ、いつもこうなんだよなあ、もういいんだ。と思って見ていると、なんだかアナウンスがおかしい。「先頭は1番のキクノステラ」と言うのだ。あわてて新聞に目を落とすと、1番はキタノマドンナという馬だ。「キタノマドンナ」を「キクノステラ」と聞き間違えたのだろうか。さらに、私の新聞には載ってない馬の名前をどんどん読み上げるのだ。なんなんだこれは！

パラレルワールドに迷いこんだのかと思った。馬たちが向こう正面にさしかかったときにようやく気がついた。私は東京2Rの新聞をひろげていたのだが、テレビで実況していたのは京都2Rだった！　冷静に考えれば、東京は左回りで京都は右回りだから間違えようがないのだ。なぜ勘違いしてしまったのか、あとで考えてもわからない。その京都2Rは3歳未勝利のダート1800m戦で、私の幻の軸馬⑨ダンカンは4コーナーでは中団にいたものの、直線を向いてから外に出し、全馬を差し切って1着。しかも2着が⑪テイエムトラネコで、3着が②バンブーキングペレ。馬番の順番で言うと、⑨→⑪→②である。最後まで気づかずにいたら興奮しただろう。というのは東京2Rの⑨→⑪→②は、私の1列目→2列目→3列目なのだ。7番人気→13番人気→3番人気であるから、その3連複の配当は13万強。こんな馬券が朝から炸裂していたら、テレビに向かって「そのままそのままそのまま！」と叫びまくっていただろう（ちなみに、京都2Rの⑨→⑪→②は、4番人気→1番人気→3番人気なので、3連複の配当は1140円）。馬の名前が全然違うのだから、アナウンサーが直線で連呼すればイヤでも気がついたとは思うけれど、どうせなら最後まで気がつかないでいればよかった。

この日は東京8Rで軸馬を変更。前日予想では⑯インスタイル（4番人気）が1列目だったのだが、パドック中継を見て、10番人気の⑭ウェイトアンドシーに変更。デムーロからルメールに変更したわけだが、⑯インスタイルがスタートをあおって最後方からの競馬になったときは「軸馬を変更してよかった」と思ったが、⑭ウェイトアンドシーも何もしないまま11着だったから大差なかったかも。前日に軸馬を決められなかった新潟10R荒川峡特別は、パドックで⑨モンテエクリプス（4番人気）の気配が抜けていたので急遽1列目に決定したが、こちらは5着。ふーん。

この日の東京8Rと新潟10Rで、このようになぜパドック診断を重視したかというと、新潟5Rのことがあったからである。3歳未勝利の芝1800m戦だが、このパドックで⑬スカーレットデビルの気配がよかったのだ。いつもこういう馬を見つけるとすぐに買いに走って大損をこいてきたので、最近はすべて疑うようにしているのだが、このときは久々に食指が動いた。1番人気の⑩サトノダヴィンチと、2番人気の⑥トーホウスペンサーに馬連を各1000円、3頭の3連複を1000円、合計3000円なら捨ててもいいだろう。馬連が50倍と70倍、3連複も70倍。これくらいの見返りがあるなら騙されたくもなる。

1回新潟8日　5R　3歳未勝利

着順	予想	枠番	馬番	馬名	性齢	斤量	騎手	タイム	着差	通過順	上り	人気	単勝オッズ	体重増減	厩舎
1	△	❼	⑬	スカーレットデビル	牡3	56	丸田恭	1.47.5		7 7 8	外34.6	⑩	26.1	474+2	北金成貴
2	▲	❺	⑩	サトノダヴィンチ	牡3	56	川島信	1.47.6	¾	10 13 10	中34.6	①	3.1	476−2	栗池江寿
3	○	❽	⑯	タガノヴェリテ	牡3	56	松田大	1.47.6	首	14 13 14	外34.1	④	8.4	474+2	栗本田優
4	△	❹	⑧	ウソハッピャク	牡3	56	オールプ	1.47.7	½	1 1 1	中35.4	③	8.2	466+4	北粕谷昌
5		❷	③	リガードリング	牡3	56	津村明	1.47.8	首	⑮ 16 16	内34.2	⑨	19.8	488+2	北高木登
6		❻	⑪	スターチェイサー	牡3	53	木幡初	1.47.8	鼻	3 3 3	外35.3	⑤	9.3	480+4	北和田道
7	△	❶	②	マイネルクレイモア	牡3	56	丹内祐	1.47.8	鼻	4 4 5	中35.3	⑦	15.5	454 0	南尾関知
8		❺	⑨	コアレスフェーブル	牝3	54	嶋田純	1.47.9	½	7 10 12	中34.6	⑬	119.2	430+4	南武井亮
9		❻	⑫	ハイオンザリスト	牡3	56	大野拓	1.48.0	¾	5 6 5	外35.3	⑥	14.8	470−4	北新開幸
10	△	❹	⑦	バウトナカヤマ	牡3	56	川須栄	1.48.5	3	2 2 2	内36.1	⑧	17.1	490 0	北上原博
11		❼	⑭	メトロノミック	牝3	54	勝浦正	1.48.5	鼻	11 11 12	外35.2	⑯	263.0	442−6	北杉浦宏
12		❶	①	ニシノエルドール	牡3	53	鮫島駿	1.48.7	1¼	⑯ 15 14	中35.3	⑮	257.5	424+6	北伊藤大
13		❽	⑮	マインドシフト	牝3	54	原田和	1.48.7	鼻	⑬ 7 8	中35.8	⑫	86.1	428−2	南鈴木伸
14		❷	④	クドース	牡3	56	伊藤工	1.48.8	½	12 11 10	中35.4	⑪	48.6	458+2	南栗田徹
15	◎	❸	⑥	トーホウスペンサー	牡3	56	丸山元	1.50.7	大	6 4 3	中38.2	②	3.8	462−6	北田中清
16		❸	⑤	メイショウカイヘイ	騸3	53	城戸義	1.50.8	首	⑨ 7 7	中37.8	⑭	159.7	414−12	栗角田晃

単⑬2610円　複⑬610円　⑩160円　⑯240円　　ブリンカー＝⑭⑮
馬連⑩—⑬4330円⑱　　枠連❺—❼5040円⑲
馬単⑬—⑩12060円㊹　　３連複⑩⑬⑯7560円㉖
３連単⑬⑩⑯69180円237
ワイド⑩—⑬1460円⑱　⑬—⑯2270円㉜　⑩—⑯440円②

すると本当にその⑬スカーレットデビルが勝っちゃったのである。しかも2着が⑩サトノダヴィンチで馬連が的中（最終的には4330円）。3連複は外れたが、4万3300円の配当を手にするなんて1万年ぶりである。どうせなら、2610円の単勝と、610円の複勝も取りたかった。こういうことがあると、その後もパドック診断を重視するのはやむを得ない。

この日、2頭目はいなかったけど、全部来ていたとっくの昔に大金持ちになっているから、これは仕方がない。それよりも、ここに今後の馬券作戦のヒントが隠れているような気がしてならない。1番人気が飛びそうなレースで3連複を買うのはいいけれど、それ以外の馬券作戦も絶対にあるのだ。そのヒントがここにありそうだ。

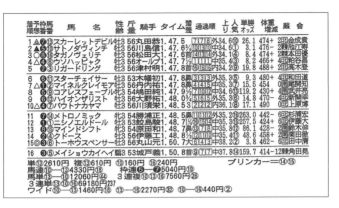

久々にプラスだ

シマノと会うなり、「この馬券、見て見て」と言う。なんとなんと、あのヴィクトリアマイルの、⑦ケイアイエレガントと⑱ミナレットの複勝馬券で額面は100円。え、これだけ？ ワイドはないの？ シマノによると、どっちかが逃げ残ったら面白いと思って買った遊び馬券で、まさか2頭ともに残るとは想定外だったと言う。もしも2頭のワイドを買っていれば、ワイド⑦⑱は8万6580円。いやはや、惜しかった。もっともそれぞれの複勝は1020円と8500円だから、たった200円が1万弱に化けたことになる。「飲み屋でこの馬券を見せるとウケるんだよ」。馬券がくしゃくしゃになりかけていたのはそのためか。

この日は、トシキにシマノに、トシキの若い知人2人、全部で5人で東京競馬場に出撃したが、シマノと競馬場に行くときの常で、共同馬券をやった。2人が2頭ずつ選んで、4頭の3連複ボックス。これを2場全レースでやるので1人当たり4800円。すると、トシキが全員でもやろうと言う。私とシマノの共同馬券は2人だけの遊びだが、それとは別にこちらは、5人で1頭ずつ選び東京の全レースを対象に3連複ボックスを買うというもの。こちらの負担は1人2400円。それを週中にメールをやりとりして決めた。朝一番で全レースを買うのでそれまでに選択馬を決めておくこと、そういう約束をしたのである。当日の朝、シマノに会って確認すると、「ふたつも選ぶの大変だった」と言う。先に私との共同馬券のヒモ馬を2頭選べば、そのうちの1頭を全員参加の共同馬券のヒモ馬として選べばいいのだから、そんなに大変ではないはずだ。すると「それは失礼だよ」。おいおい、どっちに失礼なんだ。

しかも私との共同馬券でシマノが選んだ2頭の理由がくだらない。東京の2頭は、馬名の最初の1文字のアイウエオ順で、いちばん最初の馬と最後の馬。東京5Rの例でいえば、①アルターと⑩マスタープラマーになる。この方式は以前もやったことがあり、そのときはあきれたものだが、京都の2頭の選択をまた別のシステムにするのがいかにもシマノらしい。京都は、いちばん内枠の馬といちばん外枠の馬を選ぶのである。ホントにくだらない。しかしなんとこれが当たっちゃうのである。

この日の3連複リハビリ馬券は、京都9R、京都10R、東京10R、東京12Rの4つ。このうち3つが外れ、残すは東京12Rだけというとき、京都12Rもやってみようとひらめい

着順	予想	枠番	馬番	馬名	性齢	斤量	騎手	タイム	着差	通過順	上り	人気	単勝オッズ	体重	増減	厩舎
1	○	❶	①	セトノミッシー	牝5	55	松山弘	1.12.1		7 7 7	内36.2	⑤	9.1	444	+2	栗東鈴木孝
2	△	❽	⑯	マリカ	牝4	54	岩崎翼	1.12.1	頭	2 2 2	中36.8	④	8.1	466	−6	北本間忍
3	◎	❻	⑪	ローレルベローチェ	牡4	57	中井裕	1.12.4	1¾	1 1 1	内37.2	⑦	19.3	488	+16	栗東飯田雄
4	△	❺	⑩	シルヴァーグレイス	牝5	55	ルメール	1.12.7	1¾	10 9 7	外36.5	②	4.7	466	+4	栗東荒川義
5		❼	⑭	シャンパンルージュ	牝5	55	西田雄	1.12.9	1½	5 5 2	外37.4	⑬	67.2	488	0	北武藤善
6	△	❻	⑫	ウインヴォイジャー	牡4	57	丹内祐	1.12.9	首	4 6 6	中37.2	③	5.5	528	0	北清水英
7		❸	⑥	シークレットアーム	牡6	57	酒井学	1.13.0	¾	14 14 14	外36.4	⑯	103.7	510	−4	北清水英
8		❽	⑮	マーシレス	牡4	54	義　英	1.13.1	½	3 3 2	中37.6	⑧	20.3	470	+6	栗東浜田多
9	▲(白抜き)	❹	⑦	タッチシタイ	牡5	57	池添謙	1.13.1	鼻	5 3 5	内37.7	①	3.5	494	0	栗東音無秀
10		❹	⑧	クリノカグヤマ	牝5	55	小牧太	1.13.2	首	14 14 15	中36.5	⑨	26.9	488	0	栗東奥村豊
11		❶	②	ヤマニンブルジョン	牡5	54	鮫島駿	1.13.3	½	7 8 9	中37.2	⑪	40.4	482	−2	栗東浅見秀
12		❸	⑤	レッドグラサージュ	牡6	57	岡田祥	1.13.4	首	10 13 11	外37.0	⑮	98.0	486	−20	栗東牧浦充
13		❷	④	ジョディーズロマン	牝5	55	国分優	1.13.4	首	10 11 11	中37.1	⑫	60.8	448	+4	栗東飯田雄
14	▲	❼	⑬	アラタマシャトル	牡4	57	四位洋	1.13.4	頭	16 16 16	外36.0	⑥	12.8	484	0	栗東浜田多
15		❺	⑨	ローレルボルケーノ	牡6	54	城戸義	1.13.5	首	9 9 9	中37.3	⑭	73.8	510	−24	栗東山内研
16		❷	③	サンマディソン	牝4	55	藤岡佑	1.14.3	5	13 11 11	内38.0	⑩	27.6	446	−4	南菅野浩

単①910円　複①300円　⑯270円　⑪510円　　ブリンカー＝①⑭⑨
馬連①―⑯4950円⑮　　枠連❶―❽2310円⑫
馬単①―⑯9350円㉛　３連複①⑪⑯13910円㊷
３連単①⑯⑪147610円448
ワイド①―⑯1430円⑬　①―⑪2450円㉕　⑪―⑯2570円㉘

3回京都11日　12R　4歳上1000万下

たのだ。サウスヴィグラス産駒の⑯マリカ（4番人気）が1列目にふさわしいのではないかと、急いでフォーメーションをきめて購入するとこれがヒット。1着が3列目の①セトノミッシー、2着が⑯マリカ、3着が2列目の⑪ローレルベローチェ（7番人気）。前日から検討していたレースが外れ、思いつきで買ったレースが当たるのだから競馬は面白い。するとシマノが「おれたちの共同馬券も当たったよ」と言う。えっと思ったら、①セトノミッシーがいちばん内枠で、⑯マリカがいちばん外枠。つまりこの2頭はシマノが選んでいる。⑪は私の選んだ2頭に入っているから、おお、共同馬券も当たっている。配当は1万3910円。5人全員参加の共同馬券は外れたが、私とシマノは2つの参加費が7000円なので、ぴったりチャラ。

ところでこのレースの3着馬、⑪ローレルベローチェは競馬エイトの調教採点でトップにあげられていた馬だ。この日のエイトの調教欄はホント、冴えまくっていた。「エイトの調教1番手が来てるなあ」とトシキが呟いたのは、京都6Rで7番人気の⑦ジェネラルゴジップが3着したときである。あわてて競馬エイトの調教欄を見ると、この馬が調教採点でトップにあげられていた。その調教班の絶好調を示すのが、この日の東京3R。3歳未勝利の芝1400m戦だが、1着は②シャドウスペル（3番人気）。この馬は買えたとしても、2着の⑪サウザンリーブス（10番人気）が買えない。さらに3着が15番人気の⑯ゴールドサーベラス（複勝が6490円！）。これで3連単が314万。絶対にこんな馬券は取れないと思うところだが、エイトの調教1番手がこの15番人気の⑯ゴールドサーベラスだった。これだけでも素晴らしいが、3番手にあげられていたのが、10番人気の⑪サウザンリーブスなのである！　ちなみにもう1頭が12番人気の⑬ハネムーンソング（結果は12着）。つまりこのレースの調教採点欄には人気薄3頭があげられていたわけだが、そのうちの2頭が2〜3着に激走したのである。

この3Rで超人気薄の馬を3着に持ってきた井上敏樹は若手の注目株で、いまでも「ジョッキーゲーム」が続いていたら絶対に指名していただろう。井上敏樹はこの日の8Rでも11番人気の⑩ペイシャゴンジセを3着に逃げ残らせて3連複285倍を演出。このレースも仕留めた私は久々にプラスだ。楽しいぞ競馬。

競馬は妄想である

ＷＩＮ５が途中で外れると、その後の自分の予想は外れてほしいと思うのが人情だ。外したのがその一つだけで、あとは全部当たっていたなんて事態は避けたい。まあ、外れるのは一つだけでなく、だいたい幾つか外れるんだけどね。

たとえば安田記念の日もそうだった。東京９Ｒホンコンジョッキークラブトロフィー……

東京９ＲホンコンＪＣＴの⑨ショウナンバッハ（３番人気）、阪神10Ｒの⑨フォローハート（３番人気）を続けて当てたのである。いくら上位人気馬が勝ったとはいってもこういう馬を飛ばすのが私の常だから、２発も成功とは珍しいなと思ったら、東京10Ｒ由比ケ浜特別を２番人気の①アイラインが勝ってドボン。やっぱりか。残る２つが当たったらイヤだなと思ったら、阪神11Ｒ垂水Ｓを８番人気の⑦ノボリディアーナが勝ってこれでホッ。こんな馬を指名するわけがないから、外れて良かったとここで安堵するのである。こんなことで安堵《あんど》するとは情けないが、安田記念は１番人気の⑥モーリスが勝利して、これも外れだった。安田記念は「荒れるレース」にしていたのだ。

つまり後半3つは全部外れ。

ちなみにこの日の配当が発表されたとき、136万円かと一瞬思った。だってこの日の5つのレースの勝ち馬の人気は、3番人気→3番人気→2番人気→8番人気→1番人気なのだ。人気薄は阪神11R垂水Sを勝った8番人気の⑦ノボリディアーナだけである。これなら100万円くらいだろう。ヴィクトリアマイルの2000万を200万と思ったくらいなので、私の配当予想はアテにならないが、これがよく見ると、1367万！　えっと思った。私はこんなゾーンを狙ってないから惜しくもないが、1000万円を狙っている人なら、これ、悔しかったのではないか。阪神11R垂水Sだけを荒れると読んで、ここを1〜3番人気を除く残り8頭全指名にして、あとの4レースは上位人気を3頭3頭2頭2頭にすれば、たった288点で1367万をゲットできるのである。まあ、阪神11R垂水Sだけが荒れるという設計図を描くことが難しいんだけどね。

ところで、この日の私はひどかった。3連複フォーメーションの対象に選んだレースは、東京1R、阪神6R、東京8R、阪神12R。この4つだ。その結果を先に書いておくと、それぞれのレースの1〜3着の人気は順に、1番人気→3番人気→6番人気、1番人気→2番人気→7番人気、3番人気→1番人気→2番人気、3番人気→1番人気→6番人気である。ようするに私の選んだ4レースにおける1番人気の成績は、1着、1着、2着、2

着と、なんとパーフェクト連対だ。お断りしておくと、1番人気が飛びそうなレースを選んでるんですよ。それなのに全然飛んでない！　しかもその4レースすべてで、2～3番人気も必ず来ているから、がっかり。1番人気が飛びそうなレースを選んだとはいっても、2番人気や3番人気まで飛ばなくてもいいのだ。上位人気のうちの1頭はきてもいいというフォーメーションにしている。しかし上位人気馬の1頭はきてもいいが、2頭はダメ！　それなのに、東京8Rなんて、1～3番人気が全部来ている！　上位独占！　高配当になるレースを探したはずなのに、だから配当が安い。3連単はさすがに全部1万円台だが、3連複は4550円、3570円、2240円、3800円というありさまだ。

このうち惜しかったのは東京1Rだけ。3歳未勝利（牝馬限定）のダート1600m戦だが、このレースは直前まで1列目の軸馬選定で悩んだのである。候補は、⑩アモーレエテルノと⑯デイトリッパー。前者が6番人気、後者が3番人気。本当は⑯デイトリッパーに気があったのだが、3番人気じゃあなあと結局は6番人気の⑩アモーレエテルノを1列目に選択。結果は⑯デイトリッパーが2着で、⑩アモーレエテルノが3着。どちらでも同じだったと思うかもしれないが、私のフォーメーションでは上位人気馬は2列目に置かないので、これでは外れ。もしも⑯デイトリッパーを1列目に選んでいれば、⑩アモーレエテルノを2列目の1頭にしていたから（このレースを勝ったのは前記したように1番人気の⑥ラセレシオン)、3連複4550円がヒットするが、6番人気の⑩アモーレエテルノを1列目に選んだので、2番人気の⑯デイトリッパーも1番人気の⑥ラセレシオンも自動的に2列目から脱落してしまうので馬券は当たらない。そういう仕組みのフォーメーションを買っているのだから仕方がない。

しかし惜しいといっても、たかだか4550円だ。1367万円に比べれば小さな話である。実は私、4550円の3連複も当たらないくせに、1367万のWIN5を当てるのは本当に無理だったろうかとずっと考えているのだ。あれをああして、これをこうすれば当てることは出来たよなと、預金通帳の残高が突然ふえたことを妄想して、胸をどきどきさせている。そうか、競馬は妄想だ。

うなだれて帰途

トシキと東京競馬場に出撃した日の、唖然とした光景を思い出す。わかりやすく言うと、ダービー前日の5Rだ。3歳500万下の芝2400m戦だが、10頭立てという少頭数なので私はケン。すると直線に入って斜め前の青年が「戸崎!」と叫んだのである。えっと思った。戸崎が乗っているのは⑥ソールインパクトで、東スポ杯、京成杯、共同通信杯、毎日杯で微差の競馬をしてきた馬だから、この平場戦では断然の格上。返し馬のときになんだかイヤな感じがしたので「大丈夫かなあの馬」とトシキに話しかけたが、単勝1・5倍と一本かぶりであるのはその戦績からやむを得ない。そういう馬を叫ぶのかと愕然《がくぜん》。ずいぶん昔のことになるが、競馬場における叫び方の本を書いた『鉄火場の競馬作法』という本の著者である私には、1・5倍の馬を大声で叫ぶ神経が理解できない。恥ずかしくないいんだ。

するとその青年につられたのか、あちこちから「戸崎!」「とさき!」「トサキ!」の声。おいおい。4コーナー3番手の⑥ソールインパクトはそこから伸びきれずに3着。もしも

1着か2着に入線したら、あちこちから「よし！」「取ったあ！」などと声が上がっていただろうが、さすがに誰も声を発しない。レースが終わったあとで、「君の本は読まれてないねえ」とトシキに言われてしまったが（いや、ずいぶん昔の本でいまは絶版だから、読んでいる人はもともと少ないのだが。あまり売れなかったし）、それを思い出したのは3回東京4日目の8Rだ。ダントツ人気の②レアリスタが先頭にいて、2番手にいるのが⑦スパープデイ。そういう局面で「そのまま！」の大合唱が起きたのである。私の隣にいたおやじまでもが小さな声で「そのまま」と呟いていた。⑦スパープデイは3番人気の馬で、このままの態勢で決まると馬連が1050円。2番人気の⑤サーストンコラルドが飛んだので4～5倍ということはないものの、それでもたったの10倍だ。自分一人で胸のなかで「よしよし」と思っているのはいいが（隣のおやじはその呟きがつい外に漏れてしまったものと思われる）、大声で叫ぶほどのことではない。

その昔、私が『鉄火場の競馬作法』という本を書いたのは、低配当で叫ぶのは美しくないということを言いたかったからだ。金という欲望が直接絡むからこそ、美しくありたいと考える私は、それでは下品にならない叫びとはいかなるものであるのか、どういう叫び方が理想であるかをわかりやすく書いた（つもりである）。残念ながらその本は多くの人に読まれなかったようで、競馬場に行くたびに自分の欲望を全開する若者たちに遭遇する。

3回東京4日　3R　3歳未勝利

着順	予想	枠番	馬番	馬名	性齢	斤量	騎手	タイム	着差	通過順	上り	人気	単勝オッズ	体重増減	厩舎
1	▲	❼	⑬	ダイワエクシード	牡3	56	北村宏	2.14.7		1 1 1	内39.4	④	7.7	524−6	北上原博
2	△	❻	⑫	セイカアヴァンサ	牡3	56	武士沢友	2.14.7	首	4 4 5	中38.9	⑥	10.4	448−2	南相沢郁
3	△	❹	⑦	クピド	牡3	56	江田照	2.15.4	4	10 10 7	中39.4	⑤	8.4	452 0	南伊藤伸
4	▲	❻	⑪	コスモポッポ	牡3	56	柴田大	2.15.5	½	6 6 5	内39.6	⑦	14.9	464+4	北金成貴
5		❸	⑥	トミケンブレスク	牡3	56	勝浦正	2.15.7	1	9 10 11	中39.6	⑬	59.8	476 0	北竹内正
6	○	❺	⑨	サクラヘリオス	牡3	56	戸崎圭	2.15.7	鼻	3 4 3	中40.0	①	3.1	514 0	南尾関知
7		❺	⑩	クドース	牡3	56	伊藤工	2.15.9	1¼	14 15 14	外39.4	⑭	87.0	448−10	南栗田徹
8		❹	⑧	エイワカンベエ	牡3	56	内田博	2.16.1	1¼	2 2 2	中40.6	⑫	59.6	474−4	北菊川正
9		❷	④	カゼノドリーム	牡3	56	松岡正	2.16.6	3	12 6 7	外40.6	⑧	22.2	458 0	北中野栄
10	△	❽	⑮	オンザヒル	牡3	56	福永祐	2.16.7	¾	7 6 7	中40.7	③	6.3	514+8	南戸田博
11		❸	⑤	ビビッドモア	牡3	56	丸田恭	2.16.8	首	⑯ 13 12	外40.5	⑩	50.2	470+2	南大竹正
12		❶	②	カヴァッロ	牡3	56	オールプ	2.17.0	1¼	7 12 12	内40.7	⑨	40.4	478+6	北大和田成
13		❷	③	セイウンエオリア	牡3	56	村田一	2.17.8	5	4 6 7	内41.8	⑪	52.5	476−6	南萱野浩
14		❶	①	ミヤギサムソン	牝3	54	岩部純	2.18.7	5	16 16 15	内41.8	⑯	379.0	440−2	北柏谷昌
15		❼	⑭	テンザリッチ	牡3	56	丸山元	2.20.6	大	12 13 16	中43.6	⑮	182.1	458+2	南小西一
16	◎	❽	⑯	アニジャード	牡3	56	田辺裕	2.21.6	6	10 3 3	中45.9	②	4.9	498 0	北高柳瑞

単⑬770円　複⑬240円　⑫300円　⑦250円　ブリンカー＝⑥④
馬連⑫―⑬3530円⑯　枠連❻―❼2040円⑩
馬単⑬―⑫7130円㉙　３連複⑦⑫⑬7910円㉙
３連単⑬⑫⑦45190円155
ワイド⑫―⑬1110円⑭　⑦―⑬1260円⑰　⑦―⑫920円⑪

ダービー前日、府中駅近くの居酒屋で飲んだとき、どうしてなのかという私の疑問に、トシキは「配当が安いとかそういうことは関係ないんだろうな、とにかく叫ぶと気持ちいいから、自分の気持ちのいいことが優先するんだよ。他人にどう見えているかなんて気にしないんだ。そういうことじゃないかなあ」と言った。ちなみに「作法」と書名につけたのは洒落ですよ。本当に作法が必要だとは思っていないのでその点は誤解なきように。

　この日の悔恨は東京3R。3歳未勝利のダート2100m戦だが、前日予想の1列目は10番人気の⑤ビビッドモア。ところがパドックで⑦クピド（5番人気）が超ぴかぴかだったので、すぐに1列目を変更した。⑤ビビッドモアは2列目に格下げ。念のために返し馬を待つと、今度は⑬ダイワエクシード（4番人気）がぴかぴかだ。さあ、どうする？　1列目をどっちに

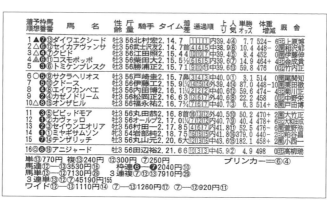

すればいいのか。ええい、面倒だ。両方から買ってしまえ。⑦クピドを1列目に置いたバージョンと、⑬ダイワエクシードを1列目に置いたバージョンを、2種購入。で、⑬ダイワエクシードが1着、⑦クピドが3着したのである（2着は、6番人気の⑫セイカアヴァンサ）。

では、両方当たったと思うでしょ？　私もそう思って投票履歴を調べると、⑬ダイワエクシードを1列目にしたバージョンでは⑦クピドを2列目、⑫セイカアヴァンサを3列目に置いているので当たっているが、⑦クピドを1列目に置いたバージョンでは、⑫も⑬も3列目なのである。だからこちらは当たっていない。おいおい、どうしてだ？　この2頭のワイド、つまりワイド⑦⑬は1260円だったので、3連複フォーメーションに入れた全額3600円をそのワイドに入れていると配当は4万5000円を超える。3連複7910円をたとえ2本当てたところでその配当は100円×2で1万5000円強であるから、ワイドのほうが全然いい。しかし3連複フォーメーションを2ライン買ったのは、2頭のどちらかが来るだろうと思ったからで、その2頭が一緒に来るとは思っていない。3Rが終わったときには「まだまだチャンスはある」と思ったが、結局この日当たったのはこの3Rだけで、あとは全部空振り。WIN5も久々に2億超えで、うなだれて帰途についたのである。

第二章　複ころの季節

「勝とうや」は健在だった

いやはや、驚いた。週中、京王線南平駅前の居酒屋で飲んだのである。その近くに住んでいる知人に案内された店だが、2時間ほど飲んでから帰ろうと立ち上がると、その店のご主人が「お土産にどうぞ」と箱を手に近寄ってきた。覗き込むと、箱の中には小さな折り鶴が――いや違う、折り馬だ。紙を折って作った小さな馬がたくさん入っている。どうして馬ばかりなの？　そんなに馬が好きなの？　私の不審そうな表情に、主人は壁の写真を指さした。そこには店の外観を写した写真が掲げられている。それがどこかで見たような外観で――ええと、どこで見たんだっけ？　その外観写真の特徴は、店の入り口の上の看板に大きく、「勝とうや!!」と書かれていることだ。「以前はあそこで店をやってたんです」。ご主人の言葉に、あっと気がついた。あの「勝とうや!!」だ。

京王線の府中競馬正門前駅を降りたところに、昔は3軒の店があった。駅にいちばん近い角にあるのは川崎屋、その隣に「加藤屋」（正式にはこういう名の店だ）、そして名前を忘れてしまったが通りをはさんで川崎屋の前にも1軒の店があった。この3軒並立の状態は長く続いた記憶がある。名前も忘れた店は10年ほど前になくなり、いまはその跡地に3階建ての小さなマンションが建っている。残ったのが川崎屋と加藤屋で、ずっと2軒並立だった。2階まである川崎屋に比べ、加藤屋は狭いのですぐにいっぱいになり（特にGIの日は超満員だ）、そうなると店の外の、普段は駐車場になっているところにテーブルを出し、そこで飲み食いしたことが何度もある。いつだったか早朝、府中競馬正門前駅から続く渡り通路を歩いていたら、後ろから青年が駆けてきて、「すみません、あの川崎屋の隣にあった店、いつなくなったんですか」と声をかけられたことがある。私はどちらかといえば川崎屋に行くことが多かったので、そうか、そう言われてみると閉店しているなとそのとき気がついた。「たしか春まではあったような気がしますけど」。そう言うと「しばらく来ないうちになくなっちゃったんですね」。青年はとても残念そうであった。

遠方から東京競馬場にやってきたファンなのだろう。久々に来てみたら、いつも寄っていた店がなくなっていたので驚いたとみえる。その店がなんと、京王線南平駅前にあったのである！　加藤屋のご主人、加藤重義さんによると、府中競馬正門前駅にあった店を閉めたのは2013年のダービーの日であったという。あのキズナが勝った日である。で、その年の秋に南平駅前に新しい店をオープン。そういえば、南平駅前店に入るとき、店の看板に大きく、「勝とうや!!」とあり、どこかで見たことあるなあと思っていたのだが、深く考えずにガラス戸を開けてしまった。南平駅前店は、府中競馬正門前駅にあった店よりも立派な作りで、つまみもおいしかったことを書き添えておきたい。あの渡り通路で私に声をかけてきた青年の連絡先がわからないので、教えたくても教えられないのがもどかしい。「勝とうや!!」の看板は府中競馬正門前から南平と場所を変えてはいるがいまも健在だぞ、と伝えたいのだが、どこかでこのコラムを読んでくれていないだろうか。

今週はもう一つニュースがあり、ＷＩＮ5を当てた。とはいっても、9万ちょっとの配当だから全然自慢にならない。面白かったのは配当が発表されるまで、幾らだろうと気を揉んだことだ。２番人気↓1番人気↓4番人気↓1番人気↓2番人気という決着であるから、高額配当は最初から望めない。しかし１３０万だろうと思った配当が１３００万だった最近の例だってある。まさか2～３万ということはないだろう。普通に考えれば7～8万だけど、ひょっとして20万なんてこともあるのではないか。なにしろ最後のユニコーンSでダントツ人気のゴールデンバローズが飛んだのである。1番人気は2勝していて、1頭は東京・芦ノ湖特別のダントツ人気馬マッサビエルだが、もう1頭は阪神・米子Sの割れた1番人気馬（スマートレイアー）だ。この日いちばん「荒れるレース」と予想した函館スプリントSで、私の選んだ5頭中もっとも上位人気の馬（ティーハーフ）が勝ったのは計算外だが、さあさあさあさあ、幾らだ！

配当を待っている間がいちばん楽しかった。で、思ったのだが、配当がわからないレースがあったら面白いだろうなと。当たってから配当を待つ間、ホント、どきどきするのではないか。いまでは当たり前に思っているが、その昔はオッズ表示というものがなかったのである。だから発表されるまで、配当が幾らになるのかわからなかった。ヒントがないわけではない。売れた票数が発表されるから、そこから類推して馬券を買うのだ。買う前にオッズが表示されるというのは大変便利だが、そのぶんだけどきどき感が減ったことを痛感するのである。

淋しがり屋のおやじたち

先週のことだが、とても不思議な会話を聞いた。A指定の穴場の上のモニターを見上げていたら、馬券を持ったおやじが近づいてきて、私の前にいた中年男に話しかけたのである。「見てよこれ、いまの阪神、まいっちゃうよ」。惜しいところで外したのだろう、競馬場ではよくある会話だ。ところが中年男、おやじが差し出した馬券をちらりと見もせずに「おれ、福島の1R取ったよ、万馬券」と言ったのである。会話というのは、相手が言ったことを受けて次の発言をするものだが、この二人、全然会話になっていない。そしてこの先がもっとすごかった。おやじはあくまでも阪神のレースでどうして2着馬を買えなかったかを論じ、中年男は福島1Rでいかにして万馬券を取ったかを弁じるのだ。延々だ。これは会話ではない。お互いが好きなことを勝手に喋《しゃべ》っているだけで、壁に向かって話しているのと同じ。この二人を観察していると、どうやらこの二人、友人ではない。おそらくは競馬場でだけよく会う顔見知りだ。というのは、中年男が一緒に競馬場にきたと思われる男との会話を聞いていると、今度はちゃんと受けて答えるという会話になっているのだ。出来るじゃん。勝手に喋るのは、あのおやじが相手のときだけ。これは推測だが、あのおやじが聞いてもいないことを延々と喋るので、最初は聞いたりもしていたが、最近では自分が喋りたいことだけを話すようになった——そういうことなのではないか。

で、今週の日曜日、またA指定の穴場の上のモニターを見上げていたら、あのおやじがまわりをきょろきょろ見渡していた。この日は中年男がいなかったので、話す相手がいなくてつまらなかったのだろう。なんだか淋しそうであった。競馬場にはこういう話したがりのおやじがよくいる。早朝、東門のあたりにいると「きのうの最終取った?」と話しかけてくるので、あれか、惜しかったんだよなと思って答えるともう大変。話はいつのまにかそいつの自慢話になり、延々と聞かされることになる。数回、そういう目に遭ってからは、話しかけられても返答しないようになった。そうするとそいつは別の獲物を探して移動していく。で、隣のやつに「きのうの最終取った?」と話しかけているのだ。ようするに誰でもいいのである。壁ではなく、人間が欲しいだけなのである。

その気持ち、わからないと言っては嘘になる。私はこのコラムがあるから、ここに書けば気が済んでしまうが、もしこのコラムがなければ、私も誰かにあれこれと話しかけたくなるかもしれない。競馬場には友と行くよりも一人で行くほうが多いのだから（自宅でP

ＡＴ投票している日を入れたら、一人競馬のほうが圧倒的に多い）淋しい気持ちはよくわかる。しかし大人なんだし、泣き言は言うな。孤独に耐えろ。そう言いたい。やせ我慢の美学というものがあるのだ。最近はしみじみとそんなふうに思ったりする。

今週のヒットは、阪神６Ｒ。３歳上５００万下のダート１８００ｍ戦だが、１列目の⑫エーシンイースト（８番人気）が２着、２列目の①ダイナミックウオー（５番人気）が１着、３列目の③コパノチャーリー（２番人気）が３着で、３連複が２万１７０円。こういう馬券を仕留めると嬉しい。1万２５５０円の馬連も取りたかった気がしないでもないが、そういう欲をかくと、せっせと馬連を買いだしてマイナスが膨れ上がるから要注意。３連複だけで十分だ。この日は函館８Ｒのパドック中継を何気なく見上げたら、⑪トーセンアーネストの気配がよく、全然買うつもりのなかったレースだが、それでは1番人気⑥ゴドリー相手の馬連とワイドだけ買ってみようと購入。すると本当にこの２頭で決まって馬連２９６０円、ワイド１２６０円がヒット。これももちろん嬉しかったが、しかし阪神６Ｒのほうが王道という気がする。１レースの配当金としては函館８Ｒのほうが多かったのだが、こちらはなんだか内職で儲けたという気がするのだ、ヘンな言い方だけど。

今週の痛恨は東京のメイン、パラダイスＳ。私の軸馬①カオスモス（３番人気）が２着したのに相手がどこにもいなくて、ふーんと思っていた。ところで勝ったのは何だ？

3回東京8日　11R　パラダイスS

着順	予想	枠番	馬番	馬名	性齢	斤量	騎手	タイム	着差	通過順	上り	人気	単勝オッズ	体重増減	厩舎
1		❺	⑩	スマートオリオン	牡5	56	松岡正	1.20.5		4 3	中33.7	⑪	29.6	502-6	北鹿戸雄
2	△	❶	①	カオスモス	牡5	56	内田博	1.20.6	1/2	3 3	内33.8	③	6.6	496-18	栗森　秀
3	△	❻	⑪	ミナレット	牝5	54	江田照	1.20.7	3/4	1 1	内34.3	④	8.3	482 0	北大和田成
4	○	❼	⑭	ブレイズアトレイル	牡6	57	戸崎圭	1.20.7	首	7 7	中33.5	②	5.0	496+4	栗藤岡健
5	▲	❽	⑯	ネオウィズダム	牡5	56	川須栄	1.20.8	3/4	2 2	中34.2	⑧	14.9	486-4	栗矢作芳
6		❽	⑮	プリムラブルガリス	牡5	56	石橋脩	1.20.8	鼻	9 9	外33.4	⑥	10.6	474-8	栗庄野靖
7	△	❻	⑫	ショウナンアチーヴ	牡4	56	柴田善	1.20.9	首	5 5	中33.9	⑦	14.8	486 0	北国枝栄
8		❷	④	アルマディヴァン	牝5	54	石川裕	1.21.1	1/2	13 12	外33.4	⑨	24.1	482 0	北高橋文
9		❹	⑧	サクラアドニス	牡7	58	田辺裕	1.21.2	首	7 7	中34.0	⑭	98.1	464-6	栗村山明
10	△	❺	⑨	エールブリーズ	牡5	56	柴田大	1.21.4	1 1/4	13 14	外33.6	⑤	8.5	522+6	栗鮫島一
11		❼	⑬	ニシノビークイック	牡6	56	岩崎翼	1.21.6	1 1/2	9 9	中34.2	⑬	72.6	484-2	栗河内洋
12		❷	③	コウヨウアレス	牡6	56	北村宏	1.21.6	首	6 5	内34.6	⑩	28.4	482-10	南古賀慎
13		❹	⑦	アミカブルナンバー	牝6	54	吉田豊	1.21.7	首	15 14	外33.8	⑫	57.6	462 0	南萩原清
14		❸	⑥	レオアクティブ	牡6	56	宮崎北	1.22.1	2 1/2	16 16	中33.9	⑯	157.5	450+2	北杉浦宏
15		❶	②	インプレスウィナー	牡8	58	オールプ	1.22.3	1 1/2	11 9	内34.9	⑮	134.7	456+2	北宗像義
16	◎	❸	⑤	インパルスヒーロー	牡5	56	田中勝	1.22.3	鼻	11 12	外34.7	①	3.7	508-2	北国枝栄

単⑩2960円　複⑩780円　①260円　⑪310円　　ブリンカー＝⑤
馬連①―⑩12410円㊵　　枠連❶―❺2690円⑮
馬単⑩―①28100円㊾　３連複①⑩⑪40020円122
３連単⑩①⑪317280円894
ワイド①―⑩3340円㊳　⑩―⑪4790円㊾　①―⑪1120円⑩

えっ？　⑩スマートオリオン？　ここで愕然。その⑩スマートオリオン、11番人気ながら返し馬の動きが素軽かったのである。馬柱に横棒を引いてから、新聞をもう一度見たことを思い出す。グラスワンダー産駒の5歳馬だ。そこまで確認して買わなかったのはこの日、返し馬の動きが素軽い馬がそこまでただの1頭も来なかったからだ。ここで突然来るのは考えにくい。しかし終わってから考えたのだが、余分な金をあれだけ捨てていたのだから、万が一とこの馬連に1000円捨ててもよかったのではないか。そうすると1万2410円の馬連がヒットしてこの日はプラスになったのである。どうして大事なところで捨てないんだ！

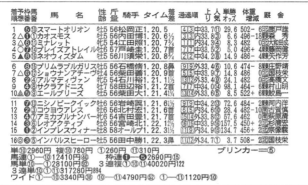

弱気にならず攻めろ

3連複フォーメーションはホント、難しい。私の馬券作戦は、1列目に4〜8番人気くらいの中位人気馬を置き、2列目の3頭は人気薄の穴馬を抜擢し、3列目には人気馬から人気薄までを5〜7頭くらい置くというものだ。3列目が5頭ならば18点。7頭ならば24点。意外と少ないので気にいっている。その予想の手順を説明すると、まず上位人気馬が消えそうなレースを前日に選び（この段階で10〜12レースくらいになる）、次に1列目に置く中位人気馬を探すが、せっかく荒れそうなレースなのに、軸となる中位人気馬が見つけられないことも少なくない。つまり、「荒れそうなレース」と認定しても軸馬が見つからず見送るケースが結構多いのだ。結局、この2つの段階を前日予想でクリアするのは、2〜4レースくらい。当日になるとこれがもう少し増える。さまざまな情報を取得していくうちに、前日予想の段階では軸馬が見つからずに見送っていた「荒れそうなレース」を急遽購入することになったりする。その最たるものが返し馬診断で、えっ、何だあの馬は？

と双眼鏡の視野いっぱいに飛び込んできた馬を1列目に置き、急いでフォーメーションを決めて購入したりする。こういうレースが当日に4～6レースくらいある。だから3連複フォーメーションは結局、6～10レースくらい購入することになる。このうち1本が当たればいい。もし10レース買うとしたら、1レース18点×10で、資金が1万8000円。だから200倍の3連複を1本当てればプラス、というのが机上の計算である。

現実には、3連複フォーメーション作戦以外でも馬券を買ったりするが（それでも馬連1000円とかで、昔のようにバカな額を突っ込んだりしなくなった。まだときどき暴走することもあるが、これは病気なのでやむを得ない。早く完治したいけど）、全体的に控えめになったことは否めない。なにしろ、すべての予想の前に、上位人気馬が強いレースかどうかを検討しているのである。上位人気が強いレースなのに穴馬同士の馬券を買っても無駄というもので、これが最近ではすべての基本になっている。しかしどうしてこんな簡単なことを誰も教えてくれなかったのだろう。いくら穴馬を見つけても強い馬が3頭いたら、3着以内に入ることは出来ないのだ。いくら頑張っても4着だ。いちばん大事なことは穴馬を見つけることではなく、そのレースの上位人気馬は本当に強いのか、ということなのである！　目からウロコが落ちるとはこのことだ。

というわけで最近はすっかり3連複フォーメーション作戦にはまっているが、難しいの

3回中京2日　8R　3歳上500万下

着順	予想	枠番	馬番	馬名	性齢	斤量	騎手	タイム	着差	通過順	上り	人気	単勝オッズ	体重増減	厩舎
1		❶	①	トゥヴァビエン	牡5	57	高田潤	1.59.3		12 12 11外	37.7	⑧	25.8	526+2	栗東湯窪幸
2	◎	❶	②	カレングラスジョー	牡5	57	武　豊	1.59.3	鼻	3 5 4内	38.0	①	3.0	518−2	栗東松永幹
3	△	❼	⑬	ブレイクアウト	牡4	54	義　英	1.59.4	½	2 1 1中	38.4	⑪	53.2	480−2	栗東本田優
4		❷	④	サトノスーペリア	牡4	57	秋山真	1.59.5	½	7 9 8内	38.0	④	9.9	464−6	栗東平田修
5		❺	⑩	ゼンノスサノヲ	牡4	57	熊沢重	1.59.5	首	7 5 8外	38.2	⑫	94.7	472−2	栗東日吉正
6		❸	⑥	エアカーディナル	牡4	57	Mデムー	1.59.6	¾	16 ⑭ 13内	37.6	⑥	15.3	482+2	栗東笹田和
7	△	❸	⑤	ダノンアンビシャス	牡4	57	岩田康	1.59.7	首	5 2 2中	38.7	⑦	16.7	466−12	栗東藤原英
8	▲	❽	⑯	メイショウウタゲ	牡4	57	武　幸	1.59.8	¾	⑦ 2 4中	38.7	⑤	10.0	504−6	栗東安達昭
9		❹	⑧	タガノコルコバード	牡4	57	幸　英	2.00.1	1¾	10 9 11外	38.6	⑩	29.7	440+4	栗東藤岡健
10	○	❼	⑭	サトノロブロイ	牡4	57	川島信	2.00.3	1¼	③ 5 4中	39.0	③	4.8	514+2	栗東南井克
11		❺	⑨	ショウナンガッチャ	牡4	57	中谷雄	2.00.3	鼻	⑯ 9 8中	38.8	⑬	94.9	480 0	栗東北出成
12		❷	③	ネオヴァリアント	牡4	57	松山弘	2.01.2	5	5 5 4内	39.9	⑨	28.5	490+10	栗東小崎憲
13		❽	⑮	メイショウサターン	牡3	54	鮫島良	2.01.3	¾	13 16 15中	39.2	⑮	208.6	470−2	栗東武田博
14	▲	❹	⑦	ウォーターイーグル	牡3	54	浜中俊	2.01.4	首	1 2 2内	40.4	②	4.5	514−2	栗東岡田稲
15	△	❻	⑫	ヤマカツスピード	牡4	57	国分恭	2.02.1	4	⑪ 13 13中	40.2	⑭	119.0	490−8	栗東大根田裕
16		❻	⑪	モズワトウナイ	牡4	57	小牧太	2.03.1	6	13 16 16内	40.9	⑯	231.1	444−4	栗東森田直

単①2580円　複①610円　②160円　⑬990円
馬連①—②4170円⑯　枠連❶—❶4520円⑮
馬単①—②11340円㊲　3連複①②⑬55670円132
3連単①②⑬394830円865
ワイド①—②1280円⑬　①—⑬12440円㊷　②—⑬2990円㉛

はまず1列目の馬の選択である。たとえば3回中京2日目の3R。1列目を⑪トウカイクローネ（4番人気）にするか、⑭アヴァンギャルド（7番人気）にするかで迷い、少しでも人気が下のほうがいいなと後者を選んだのが失敗。前者が直線一気に差し切り、2着が⑥ジェントルヴァウ（2番人気の馬なので当然3列目に拾ってる）、3着が⑮エスジープログレス（9番人気だが、いかにも穴馬として怪しかったので2列目に拾っていた）。つまり1列目の選択に間違わなければヒットしていた。同じ間違いが中京4R。⑤ネージュドール（4番人気）か⑫ブリーズヴェール（8番人気）か、という二者択一の1列目決定に間違えたためにここも抜け。中京3Rが212倍、4Rが145倍という配当だったので、この段階ではこのくらいならいいやと思っていた。

痛恨は中京8R。①トゥヴァビエン（8番人気）が外から豪快に全馬を差し切ったのである。私の1列目だ。2着が1番人気の②カレングラスジョーだから、当然3列目に拾っている。ここまではいい。問題は2列目だ。3着馬が2列目の馬ならヒットするが、さあどうか。私の3連複フォーメーション作戦は、1列目を当てるだけではダメで、2列目も当てなくてはダメなのである。1列目と2列目さえ当てれば、まあだいたい当たる。この日の福島7Rのように、3着に逃げ粘った⑩クートネイ（10番人気）を3列目に拾わず、922倍の3連複を逃がしてしまったが、これは例外中の例外だ。話を中京8Rに戻せば、実は最初の2列目は、⑧タガノコルコバード、⑫ヤマカツスピード、⑬ブレイクアウトの3頭だった。人気は順に、10番人気、14番人気、11番人気である。1列目の馬が8番人気だったので、ここで少しだけ弱気になったのが痛恨。こんなに人気薄ばっかり来るなんてことがあるだろうかと、3頭目の⑬ブレイクアウトを、⑯メイショウウタゲに変更してしまったのである。11番人気から5番人気への変更である。絵に描いたように3着がその⑬ブレイクアウト！　変更しなければヒット！　その3連複がなんと556倍。この日はいったい幾ら取り逃がしたんだろうか。1着馬も2着馬も3着馬も、全部当てなければ哀しいことに3連複は当たらないのである！

3番人気じゃ置いてねーよ

中京10R有松特別のパドック中継を見ているうちに猛烈な睡魔に襲われ、はっと目が覚めるとゴールシーンだった。12番のノースショアビーチが勝ったとアナウンサーが言っている。ということは、えーと、有松特別じゃないな。中京はとっくに終わって、福島の天の川賞だ。いったい何分寝てたんだ？　30分は寝てたのか。天の川賞のノースショアビーチはダントツ人気の馬であるから、もちろんWIN5で押さえている。最初の有松特別が当たっていれば2つ通過だが、どうかなあ、最初にいきなりコケてたりして。よくあるからなあオレ。おそるおそる調べてみたら有松特別は1番人気のドラゴンストリートが勝っていた。これで無事に2つ通過。よしよしと思ったら次の函館で外れ。なかなかリーチにいたらない。この日は、1番人気↓1番人気↓3番人気↓4番人気↓2番人気で22万だから、まあ取れなくてもいいや。

それにしても3連複は難しい。この日は軸が来たというのにツメが甘く、あとが続かない。たとえば福島7Rだ。3歳未勝利の芝2000m戦だが、軸にした⑮ウインセイヴィア(6番人気)がきちんと勝つのである。ところが2着⑦キーフォーサクセスが2番人気で、3着④アリビアールが4番人気（直前までは3番人気だった）では、私の馬券は当たらない。そういう上位人気馬は全部3列目に置くことにしているので、1頭来る分にはいいが2頭来てはダメ、というのが私のフォーメーションなのである。上位人気馬が2頭も来るから3連複の配当は5270円。こんな低配当では当たらない。これなら⑮ウインセイヴィアの単勝1720円、複勝410円のほうがよかったことになる。続く福島8Rも同じパターンだ。私の軸馬である⑨ポルスターシャインが3着に入りながらも馬券を外すのは、1着③ワイドリーザワンが2番人気で、2着⑤サムライノモンが4番人気だからである。こちらも上位人気が2頭も入ったから7R同様に配当が安く、3連複の配当は6730円。ちなみに私の軸馬⑨ポルスターシャイン、単勝は6番人気だが、複勝はなんと2番人気で、1着③ワイドリーザワン、2着⑤サムライノモンよりも低配当の190円。こんなことがあるんですね。

この日の痛恨は中京9R清洲特別。私の軸馬である⑩ウインガニオン（4番人気）が勝ったのである。単勝1450円、複勝460円。単複にすればよかったなあ。これくらいの配当なら単複で十分だ。しかしただいまは3連複作戦を実施中なので、勝ち馬を当て

着順	予想	枠番	馬番	馬名	性齢	斤量	騎手	タイム	着差	通過順	上り	人気	単勝オッズ	体重	増減	厩舎
1		❺	⑩	ウインガニオン	牡3	54	松山弘	1.21.3		13 13 13	外34.5	④	14.5	468	0	栗東西園正
2	△	❼	⑬	エイシンソルティー	牝4	55	酒井学	1.21.3	頭	12 9 8	外34.9	③	7.1	486	0	栗東西園正
3	△	❻	⑪	ナムラアッパー	牡4	57	高倉稜	1.21.3	首	11 9 9	中34.8	⑫	44.1	420	0	栗東福島信
4		❼	⑭	ベルリネッタ	牡4	57	小牧太	1.21.4	首	7 4 5	中35.2	⑬	46.9	466	+2	栗東田中章
5	▲	❸	⑤	オメガタックスマン	牡3	54	ルメール	1.21.6	1	5 6 5	内35.3	②	4.3	454	-2	栗東今野貞
6		❺	⑨	ジョーウォルター	牡4	57	浜中俊	1.21.6	首	15 15 15	外34.5	⑭	47.8	460	-8	栗東清水久
7	▲	❽	⑰	ケントオー	牡3	54	中谷雄	1.21.7	首	17 18 16	内34.5	⑥	17.5	462	-2	栗東西橋豊
8	◎	❽	⑯	ノボリレジェンド	牝4	55	戸崎圭	1.21.8	¾	1 1 1	内36.0	①	2.2	444	-6	栗東河内洋
9	○	❻	⑫	ナムラマサシゲ	牡4	57	国分優	1.21.8	鼻	2 2 2	中35.9	⑤	17.4	502	0	栗東目野哲
10		❸	⑥	サフランスカイ	牡4	57	福永祐	1.22.0	1¼	6 6 5	中35.8	⑧	27.3	456	-6	栗東松元茂
11		❼	⑮	アルトゥーナ	牝4	55	松若風	1.22.2	1¼	7 2 2	外36.2	⑯	170.3	420	0	栗東長浜博
12		❶	①	ミッキーマンデー	牡5	57	秋山真	1.22.2	首	18 18 18	外34.7	⑪	37.8	472	-12	栗東中村均
13	△	❷	④	トーコーグリーン	牡5	57	藤岡佑	1.22.3	½	13 13 13	中35.5	⑩	31.8	496	-20	栗東橋田満
14		❶	②	オペーション	牝4	55	武豊	1.22.9	3½	10 9 9	中36.4	⑨	31.5	448	-4	栗東鈴木孝
15		❹	⑦	セルリアンシュロス	牡4	57	国分恭	1.23.1	1¼	2 4 4	内37.0	⑮	98.9	482	-10	栗東福島信
16		❹	⑧	エステバン	牡3	54	池田敏	1.23.4	1¾	4 8 9	中36.9	⑰	402.3	474	-13	笠松後藤正
17		❽	⑱	ランデックハナコ	牝3	52	佐藤友	1.25.0	10	16 16 18	中37.5	⑱	458.8	420	-7	笠松笹野博
18	△	❷	③	トウシンムサシ	牡4	57	和田竜	1.25.6	3½	9 12 9	内39.1	⑦	22.1	460	+4	栗東山内研

単⑩1450円 複⑩460円 ⑬240円 ⑪930円
馬連⑩―⑬5830円⑱ 枠連❺―❼4300円⑮
馬単⑩―⑬12030円㊱ 3連複⑩⑪⑬80790円184
3連単⑩⑬⑪378290円880
ワイド⑩―⑬1910円㉒ ⑩―⑪7040円63 ⑪―⑬4120円㊴

3回中京4日 9R 清洲特別

るだけではダメ。そしてなんと3着の⑪ナムラアッパー（12番人気）もきちんと3列目に拾っていたから惜しかった。ちなみに1着⑩と3着⑪のワイドは、7040円。このレースの3列目には8頭拾っていたので（これで私のフォーメーションでは27点。私の上限の点数だ）、12番人気馬くらいなら拾えても不思議ではない。となると、2列目が当たっていれば3連複807倍がどかーんと炸裂する。その2着馬は3番人気の⑬エイシンソルティー。2列目に置いてるかお前。3番人気じゃ置いてねーよ。2列目に置くのはもっと人気薄なのだ。たとえばこのレースの2列目は、⑨ジョーウォルター、⑫ナムラマサシゲ、⑰ケントオーの3頭。人気は順に、14番人気、5番人気、6番人気である。14番人気を2列目に選ぶとは大胆だ。これを3列目にしておいて、2列目に3番人気の⑬エイシンソルティーを置いておけば807倍が当たったのに、

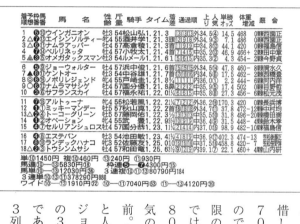

と思うと悔しい。

　一瞬だけ短い夢を見たのが福島12Rの彦星賞。3歳上500万下の芝1200m戦だが、3コーナーの時点でいちばん先頭にいたのが、①ジュエルアラモード（6番人気）。私の軸馬である。2〜4番手にいたのが、⑩マンハッタンヘンジ、⑯ゴッドバローズ、④ルネッタアスール。なんと私が2列目に置いた3頭である。人気は順に、5番人気、10番人気、7番人気である。逃げている①ジュエルアラモードが残って、すぐ後ろにいる3頭のうち1頭だけでも残れば、3連複はほぼ的中する。3着によほどヘンな馬がこなければだいたい的中だ。特に希望のベストは、①が残って、相手が⑯と⑨カシノレント（14番人気）なら、3連複の配当は27万強。7頭の3列目にそんな人気薄まで拾っていたから夢はぐんぐんひろがっていく。楽しみだなあと思ったら、4コーナー手前で早くもガラッと変わり、結果は1着⑩マンハッタンヘンジ、2着⑦ゴールドシャンティ（1番人気）、3着②アラマサクロフネ（8番人気）で125倍。ふーん。

　この②アラマサクロフネはいかにも怪しかった。こちらを軸馬にすべきだったたと終わってから反省。しかし、そうしたとしても125倍じゃこの日の負けは取り戻せない。やはりあの中京9R清洲特別だ。あのレースの807倍を取りたかった。で、新聞をひろげ、どうやったら取れてたか、じっと考えるのである。

共同馬券の楽しみ

2回福島6日目の2R。牝馬限定の3歳未勝利芝2000m戦だが、その返し馬でおやっと思ったのが⑤エクボビューティー。超ぴかぴかというわけではないのだが、その気配がちょっと気になる。調べてみると12番人気の馬だ。父ディープインパクト、母父ダンシングブレーヴという血統なのに、これまで3戦して終始後方ままの11着、12着、9着。まるでいいところがない。競馬新聞には「まだ非力だが、徐々に力はつけてきた。この距離なら追走も楽になると思うし、直線が短い福島なら前進も可能」という調教師コメントが載っている。なるほどね、じゃあ複勝を買ってみよう。すると本当にポンと飛び出して終始3番手。ここ3走が嘘のように先行するのである。しかし直線が短い福島とはいっても、最後にがらりと変わってしまうことも多く、途中で先行したからといってまだまだ安心は出来ない。4コーナーあたりまでかなあ、と思って見ていると、なんと2番手に上がり、なおかつ頑張るのである。もう叫んでもいいだろう。12番人気の馬への声援なら見栄えもする。「伊藤伊藤イトウ！」「そのままそのままそのまま！」。すると何かに差されたものの、まだ3番手。そこで、「たくまたくまたくま！」。もう一声かけると、なんとそこから盛り返すからガッツのある馬だ。逃げ粘っていた①クートネイを差して2番手に上がってきた。私は複勝1000円しか買ってないので2着でも3着でもどっちでもいいのだが、2着でゴール。3着は、逃げ粘る①と、猛然と追い込んできた⑪アルファキンバレーの写真判定となったが、4番人気と3番人気の争いなので、どちらが3着でも⑤の複勝配当にそれほどの影響はないだろう。

写真判定の結果はハナ差で①が3着。⑤の複勝は1390円。勝ったのは5番人気の⑦コアレスフェーブルで、その馬連は266倍。ワイド⑤⑦は6180円。32万の3連単は無理でも、ワイドくらい買えなかったのか。ちらっと思ったが、それは終わってから思うことで、複勝しか買う気がなかったのだから、これは仕方がない。問題はこのあとだ。その1万3900円を、函館4R（こちらも牝馬限定の3歳未勝利芝2000m戦）の②ダブルフラワー（3番人気）の複勝に転がそうとしたのである。すると横にいたシマノが「すぐ転がすもんじゃないいな。もう少し間を開けなくちゃ」と言うのだ。おいおい。きのう言ってたことと違うじゃないか。

今週は、たそがれのトシキ、ひげもじゃのカオル、出目買いのシマノ、ドクター松井にツッチー、そして私の6人で福島競馬場に出撃したのだが、土曜中京3Rの⑮クローザー（3番人気）の複勝180円を取ったので、それを午後のレースに転がそうとしていたら「そういうのはすぐに転がさなくちゃ」とシマノが言った。そうだよな、たったの1800円なんだから大事に取っておくほどのものではない。すぐ転がしてしまおう。で、すぐにぱっと消えてしまったのだが（それは仕方がない）、そういうことを言ったやつが今度は「もう少し間を開けなくちゃ」だって。本当にいいかげんな男だこと。

実は遠征のたびに、全員の共同馬券のほかに、シマノと二人だけの共同馬券をやっているのだが、今回は、土曜と日曜でやりかたを変えてみた。まず土曜は一人が2頭ずつ選んで4頭の3連複ボックス。これを3場全レースで買えば、1レース400円なので1万4400円。つまり一人の負担は7200円。正しくやればこの額になるが、朝の第1レースが間に合わなかったり、少頭数レースをケンしたりするので一人の負担は6000円くらい。土曜はボウズだったものの、馬連にしておけば当たっていたということが何度かあったので、同じ4頭ボックスでも日曜は馬連と3連複ボックスの両方を購入とのシステムにしてみた。つまり1レースの投資金額は1000円。しかし全場全レースを対象にすると負担金が大きくなるので8R以降、各場のメインレースまでを対象にやることにした。最終を除外したのはそれまでに当たったら、最初は函館記念に上乗せ、それも当たったら最終にどんどん転がしていくつもりだったからだ。その予定通りに途中で４６００円の配当があったので、それを函館記念の3連単ボックスと馬単ボックス（これは２００円）を上乗せ。総額４８００円になるので１００円ずつ追加だ。夢はどんどん膨れ上がったが、当たりはその１本のみだったので結局はスカ。まあ、楽しかったからいいだろう。

問題は複勝転がしのほうだ。次に函館４Rを狙っていたのはそれがこの日の勝負レースだったからだ。私が思ってたよりも人気になっていたが、複勝が2倍つけばいい。実は全員の共同馬券でも、私はその函館４Rを指名していたのだ。あっ、そうか。全員の共同馬券はどんなシステムでやったのかを説明しなければいけないか。おお、もう紹介するスペースがない。続きは次号だ。

単勝ころがしのすすめ

当コラムの昨年1年分をまとめた『外れ馬券は終わらない』（ミデアム出版社）が発売中である。こういうことは自分で言うものではないのだが、いやあ、面白い。1年前のことなんてすっかり忘れているから、へーっこんなことがあったんだということの連続である。たとえば昨年の初めごろは、その前年の秋ごろから始めた3連複（1頭軸のヒモ7頭の21点買い）をやっていたのに、春先から馬連作戦に変更し、昨年の夏は「馬連のフォームをこの夏の間にきわめたい」とまで書いている。そういえばやってたなあ。馬連の2点買いか3点買い。相手を絞って1点2000円か3000円突っ込む作戦だ。だから20倍か30倍くらいが当たれば大きい。ところが秋にはまた3連複（しかし今度は44点買いのフォーメーションだ）に変更し、さらに暮れには点数を絞って3連単フォーメーションを始めるから忙しい。ようするに1年間でころころ変わっている。馬連をやっていたのを覚えていたが、3連複21点はすっかり忘れていた。そんな時期があったんだ。

２０１５年はそんなに馬券作戦は変わらないと思う。３月から始めた３連複フォーメーション（基本が18点）がすっかり気にいってしまったので、これをずっと続けていくのではないかと思う。昨年までとのいちばん大きな違いは、人気馬が飛びそうなレースでしか馬券を買わないことだ。これがなによりも最優先なので、その後の展開もずいぶん変化してしまった。購入レース数が極端に少なくなっているのだ。以前は20レースを超えるのが普通だったが、いまでは10レースくらいだから大きな変化だ。というのは、人気馬が飛びそうなレースをまず選んでも、軸馬が見つからないことが少なくないからだ。こういうレースをケンしていくとどんどん購入レース数が減っていく。しかしあまりに少ないとつまらないから、問題は３連複フォーメーションを出動させないレースではどんな種類の馬券を買うか、であった。この間、それが決まっていなかったので、馬連を買ったりワイドを買ったり、そのときの気分まかせであったが、福島でその遊び馬券のフォームが決定したのは喜ばしい。

その話の前に先週の続きだが、６人全員で実施した共同馬券を説明したい。まず３人ずつのチームに分かれる。で、その３人はそれぞれ１鞍を選び、１着に来そうな馬を選択する。チーム仲間の選んだレースでも同様に１着馬を選出。それが出そろうとその馬名を、相手チームに渡す。するとＢチームは１着には来ないけれど２着には来そうな馬を１頭ずつ選択。そしてAチームの選んだ3頭を1～3着に置き、Bチームの選んだ3頭を2～3着に置く。つまり60点の3連単フォーメーションである。これを6レースやるので一人の負担は6000円。で、私は日曜函館の4Rを選び、②ダブルフラワーを選出した。つまりそれくらいこの馬には自信があったのである。1万3900円（100円を足して1万4000円にしたが）を転がすにはぴったりと思ったのだが、シマノに止められ、見送ってしまった。あのときシマノが止めなければ、絶対に②ダブルフラワーに1万4000円を入れていた。すると2着の複がちょうど200円だったので、2万8000円になっていた。まあ、見送る私も情けないのだが。

結局この日は福島9R南相馬特別の⑫スパーブデイ（4番人気で1着）にその1万4000円を入れ、190円ついたので、2万6600円になったが、あの函館4Rに入れていれば、この福島9R南相馬特別には2万8000円入れていたから5万3200円になっていたことになる。それくらいになれば、その後の展開も面白い。ところで6人全員の共同馬券は函館4Rで当たったものの、あとは外れ。なかなか難しい。この函館4Rは、カオル推奨の⑥ミッキーポーチが1着、私の②ダブルフラワーが2着、ツッチー推奨の⑪エアルナが3着。なんとAチーム3人の推奨馬が1～3着して3連単が2万4150円。これが共同馬券6レースの最初のレースだったので、これは幾つも当たったら大変だと思ったが、そんなに甘い話はなく、やっぱり競馬は難しいのだ。

実は土曜日、勝負レースの3連複以外は複勝馬券ばかり買っていた。当たったら転がし、コケたらまた1000円からスタートの繰り返しで、これが面白かった。日曜はたまたま福島2Rの⑤エクボビューティーの複（1390円）が当たったから次の転がしに慎重になってしまったが、これが2倍程度なら平気で次のレースにどんどん突っ込める。遊びとしてこれはなかなか面白い。そこで思ったのだが、勝負の3連複馬券はこれからも1日に数鞍程度と思われるので、それ以外のレースは単複で遊んでいればいいのではないだろうか。そう、時には単勝転がしもしてみたいのだ。1着じゃなければだめなんて、スリル満点。考えただけでドキドキしてくる。

センチメンタルな夏

日曜日の夕方、正門に向かいながら、「これで今年の夏も終わりだな」と呟くと、「まだ夏が始まったばかりですよ」とユーちゃんが言う。今年の夏は札幌遠征がないので、この小倉遠征が終わると、あとはずっと東京にいるだけ。つまり楽しい夏遠征はこの日で終わりなのである。正門前のタクシー乗り場には人影がない。トシキたちはもう車に乗ったようだ。人数が多いので2台に分かれて駅前まで行くことにしたのだが、小倉競馬場はタクシーに乗る客が少ないのか、あまり人が並んでいない。客がいないから空車もなかなかこない。後ろを見ると、オサムが藤井君に寄り添うようにゆっくり歩いてくる。そうだ、この光景を覚えておこう。これが2015年の夏だ。

今週は、金曜からトシキにカオルにドクター松井が小倉入り。土曜の早朝の便で羽田をたった私が小倉競馬場に到着したのは昼少し前。その前夜、福岡市内で深夜3時まで飲んでいたというシマノとオサムは眠そうな目でトシキたちの横に座っていた。つまり土曜は総勢6人。最終レースまで戦って、毎年行く酒場「ベース」にいくと、ミー子が待っていた。例年ならお盆に帰郷する彼女だが、藤井君が開幕週に小倉入りするぞと言うと「じゃあ、あたしもその週に帰郷します！」と約束していたのだ。あとから藤井君がきて、ユーちゃんもやってきた。昨年の夏は藤井君が不在だったので、小倉の夏は淋しかった。今年はその藤井君がいる。ミー子がいる。トシキにカオルにシマノにドクター松井までいる。賑やかな酒は楽しい。こういうふうにまたみんなで酒を飲む日がやってくるとは思ってもいなかった。

最初に会ってからもう18年なんですよ、とミー子。へーっ、そんなに経つのか。愛人と間違えられたんだよなとトシキ。そうだ、そんなこともあったっけ。菊花賞を観戦しに京都競馬場に行ったとき、東京の知人とばったり会って挨拶したことがある。たまたま私とミー子が並んで座っていて、通路をはさんで藤井君もいたのだが、そちらを見なければ、見ようによってはたしかに愛人を連れて京都競馬場に来た図と見れないこともない。東京に帰ってから、まあ冗談半分ではあろうけど、そういう噂が飛び交っていたと知人に聞かされた。まったくもう。

ミー子が今年の春に東京にきたとき、彼女とは久々に飲んだけれど、あのときはミー子に所用があり、2時間ほどしか飲めなかった。だから、じっくり飲むのは実に久々だ。私は忘れていたのだが、最初のころミー子と競馬場に行っても、帰りに飲むことはなかったという。で、途中からトシキが競馬場にくるようになり、えっ、飲まないの?と彼が不満そうに言ったのがきっかけで、それから飲むようになったというのだ。そんなこと、すっかり忘れてた。

土曜の収支もチャラで、そしてみんなと酒を酌み交わすんだから、これ以上楽しいことはない。どうして日曜にあんなに飛ばしたんだろう。はっと気がつくと全治1ヵ月超え。資金がなくなって新潟の最終はとうとうケン。みんながモニターを見上げる横で、私は一つの光景を思い出していた。

小倉競馬場のスタンドは、一般席エリアも指定席エリアも、椅子の最後列と穴場の間がゆったりとしている。ようするにスペースがかなり空いている。たとえばそのスペースにかぎると東京競馬場の倍はあるのではないか。空いているからそこで8の字を描いて踊ることが出来る。何年前だったか、たった20点でWIN5（20万）を仕留めた面白社長が、「差した差した差した差した」と言って両手をひろげ8の字を描くように踊ったのも、そのスペースがあったからだ。

その面白社長が膵臓ガンになったのは2年前で、何度も手術しては元気に小倉競馬場にやってきた。昨年は2月と8月に私は小倉に行ったのだが、2度とも彼は競馬場に来てくれた。８月に会ったのが最後だった。今年の６月、彼は亡くなった。まだ50代であったから若い。日曜の夕方、小倉エキナカひまわり通り２FのTSUDA屋で飲みながら、「面白社長というと、あの踊った姿を思い出すんですよ」と藤井君がぽつりと言う。やっぱりみんなもあのときのことを覚えているんだ。「でもその姿、見たのは藤井さんだけで、ぼくたちは見てないんですよ」とオサム。そうなのである。私たちは、「社長が踊ってます！」という藤井君の報告を聞いただけで、実際のその姿は見ていない。だから余計に、踊る面白社長の姿が浮かんでくる。その日の便で帰京するトシキにカオルにドクター松井を見送ってから、藤井君とオサムとミー子とユーちゃんと私の５人で、なおも飲む。私は日曜泊にしたので急がなくてもいいのだ。藤井君がこうしてここにいるのは嬉しい。しかし、ここに面白社長がいないのは淋しい。還る人あれば、逝く人あり。これが私たちの現実だ。センチメンタルな夏はこうして過ぎていく。

WIN5の資金を稼げ

少し前のことになるが、この馬の複勝を5000円買うのはどうだろう、と考えたことがあった。具体的に言うと、2回函館5日目9R（3歳上500万下の芝1800m戦）の④ノーブルリーズン（6番人気）だ。で、それが首尾よく当たったら、それを丸ごと次の函館10R横津岳特別（3歳上500万下の芝2600m戦）の①アグネスマクシム（4番人気）の複に転がす、という計画が突然ぴかっとひらめいたのである。本当にそのまま実施していると、函館9Rの④ノーブルリーズンは先行押し切りで1着、函館10Rの①アグネスマクシムは好位差しで2着と、転がしに成功していた。前者の複が320円、後者が300円だったので、5000円から転がせばなんと4万8000円。どうして買わなかったのかと深く反省したのだが、しばらく考えた結果、そのとき手控えた理由に思い当たった。その転がしに明確な目的がなかったからである。

2回転がったら、次はどうするのか。どこまでいくことを目的とするのか、ビジョンというものがそのときはなかった。これがいけない。ようするに、複勝を５０００円買ってみれば面白いかも、という思いつきにすぎない。思いつきに５０００円は捨てられない。だから手控えてしまったのだと思い当たった。そこでこう考えてみた。私はこのところ毎週、ＷＩＮ５を買っている。その点数は１００～１２０点。そのＷＩＮ５の資金を複ころで稼ぐというのはどうか。たとえば、最初の投資は３０００円。これで２倍の複を狙い、それが当たれば再度２倍を狙い、首尾よく２回転がれば、最初の３０００円は１万２０００円になっている。つまりＷＩＮ５の資金が出来たことになる。いいじゃんこれ。

土曜全レースと、日曜のＷＩＮ５直前のレースまでを対象とし、とにかく２回転がすこと。３回とか４回とか欲張らず、たった２回でいいのだ。目標を達成したらその週の複ころは終了。２回函館５日目のように、３２０円、３００円なんて想定以上の配当がついたときは（このとき３０００円でスタートしていると、２万８８００円になっている）その分だけＷＩＮ５の点数を買っていいものとする。つまり２回函館の６日目は、２８８点を買えたということになる。逆に転がらなかったときのルールも決めなければならないが、最初の３０００円で失敗したら次に再度３０００円でチャレンジしてもいいとするが、それが失敗したらその週の複ころ作戦は中止。最初に当てても２回目に外したときは再チャレンジが出来るとするが、その次に外したときは即中止。つまりどんなケースでもマイナスが6000円になった場合は中止としたい。その場合、その週のＷＩＮ５は？　これはただいま迷っています。その際は中止にするか、５〜6000円で買うのか、それとも通常通りの100〜120点にするのか、どれがいいかなあ。

という話を小倉でオサムにしたら、それ、いいですねえと賛同を得た。いいでしょ。ホントに面白いのだ。こういう目標があると複勝探しに熱が入る。馬券の本線が3連複フォーメーションであることに変わりはなく、これはあくまでも遊び馬券の範疇だが、遊び馬券でも目標があったほうが面白いということだろう。問題は、そういう目で見ると、つまり欲が入ると複勝がなかなか当たらないことで、そのうちにええい、じゃあ1万突っ込んじゃえとかなんとか、せっかく作ったマイルールを無視して暴走しちゃうのである。小倉で大負けを喫したのはそのためだ。そこでもう少し冷静になってチャレンジすることにした。

で、迎えた小倉記念の週。土曜小倉２Ｒ（２歳未勝利の芝1800ｍ戦）の⑪ノーブルマーズの複に3000円入れると、１着の複勝が230円。その配当を新潟７Ｒ（３歳未勝利の芝2000ｍ戦）の⑧マコトギンズバーグにそっくり転がすと首尾よく２着で、その配当が240円。つまり最初の3000円が2回転がって1万6560円になってしまった。つまり簡単に目標を達成したので、複ころは即中止。これでＷＩＮ５を購入すれば何の問題もなかったのだが、ＷＩＮ５を予想するとどうやっても288点以下にはならない。

つまり1万2000円ほど資金が足りないのだ。そこで日曜は土曜に手にした全額を1・8倍に突っ込むか（そうすると目標の額にほぼ到達する）、それともまた3000円からスタートして2回転がして、その分を土曜の浮きにプラスするか（それでも目標額になる）、迷った末に札幌4Rの③ビバリーヒルズの複に3000円入れてみた。すると1着の複が180円。おお、土曜の複ころ分を全額ここに突っ込んでおけば、それだけで目標額を達成していた。そこからは、もうわけがわからなくなって、次の転がしに失敗すると最後は1万円をずどんずどん。何のために複勝を買っているのか！　すっかりバカになっているのであった。

複ころは面白いが

実は先週、ＷＩＮ５でミスをしてしまった。そのミスがなければ、39万の配当をゲットできたと思うと悔しい。３０００万ではなく、３００万ですらなく、たったの39万ならいではないか、という意見もあるかもしれないが、私にとっては大金である。ホント、悔しい。問題は、ＷＩＮ５対象レースの２番目である新潟10Ｒの鷲進特別だ。このレースで私は、１～３番人気の３頭を指名した。ようするに鷲進特別を「荒れないレース」と考えたのである。オッズを見る前に馬柱から、③プリンセスムーン、④モルジアナ、⑩エイシンテキサス、⑭ヨシカワクン。この４頭を選んだ。このあたりが人気になっているはずだ。で、人気を調べると、その時点で③プリンセスムーンが４番人気であったので、この馬をカットして、残り３頭を指名――というのが私の手順であった。

オッズを調べて購入したその時間が正確には思い出せないのだが、昼前に購入したことはないので、午後であることは間違いない。たぶん購入したのは締め切りより１時間くらい前だ。３番人気と４番人気以下のオッズがあまり差がないときは、購入直前に再度調べることにしているが、このときは差があったので即購入してしまった。うろ覚えだが、６２０円と８１０円というくらいの差であったと思う。これは、たとえばの話ですよ。５８０円と７７０円だったかもしれない。ようするに２００円近い差があったと記憶している。これが５７０円と５９０円とオッズが接近していたなら、直前に再度調べるが、６２０円と８１０円なら変化ないだろうと思ってしまった。これが間違い。単勝オッズは簡単に変わるのである。いまさらそんなことに驚くほうがおかしい。

その驀進特別を③プリンセスムーンが勝ったとき、最初はふーんと思うだけで気にしなかった。４番人気が勝つのかよ、取りづらいなあ。ところがそれが３番人気というのでショック。ちょっと待ってくれ。いつ変わったんだよお。それでもまだＷＩＮ５対象レースの２番目であるから、このあとが外れるからいいや、と思っていた。ところが、こういう日に限って当たるのである。ＷＩＮ５対象レースの４番目である小倉記念を６番人気の⑮アズマシャトルが勝った時には、ホント、不吉な予感がした。最後のレパードＳで１番人気の⑨クロスクリーガーが負けてくれればいいが、勝つよなあこういう流れでは、との予感通り、⑫ダノンリバティの猛追をしのいで１番人気馬が勝利。このとき目の前が真っ暗になったのは、この日の勝ち馬の人気が、２番人気→３番人気→３番人気→６番人気→１番人気、であったからだ。1番人気が1勝しかしていない。これでは配当が100万超えは確実だろう。もしかすると200万超え？　いや、80万くらいか？　なんだかくらくらして、配当を聞くまでは暗い気持ちであった。まさか、39万とは予想外。いや、39万でも私には大金なのだが、正直に言うと、その程度で済んでよかったというのが本音。

どうしてこういう初歩的なミスをしたのかというと、WIN5用の2回限定複ころに夢中になりすぎ、ああでもないこうでもないと複穴探しに時間を取られ、WIN5のほうがついおろそかになってしまったからだ。本末転倒である。そこで今週は、オッズをきちんと調べるぞと強く言い聞かせた。この日の複ころ1回目は、小倉6Rの⑫タガノヴェリテ（7番人気）。これがまずヒットしたが、難しいのはその先だった。候補は、新潟7Rの④アールブリユット、札幌8Rの⑥シャルール、新潟9Rの⑤リッカルドの3頭。このうちの1頭が3着以内に来ればいい。では、どれだ？　決められないので複オッズを調べてみると、全部落選。というのは順に、140円、160円、140円だったからだ。絶対に3着以内は堅いと思うのだが、最初からそういうオッズの馬は対象外だ。新潟7Rの④アールブリユットは朝の段階では3倍あったのに、じわじわと人気を集めて1・4倍。前走7着の馬なのに、どうしてこんなに人気になるのか（ちなみにその3頭の結果は、1着、2着、3着）。

こうなると買う馬がいないので、急遽、新潟7Rの②カレンリスベットの複を買うことにした。小倉6Rの⑫タガノヴェリテの複が310円もついたので（それを3000円持っていたから）、2回目の投資は9300円。それを4番人気の②カレンリスベットに全額入れると、首尾よく3着してその複勝が180円。おお、ぎりぎりだ。これで1万6740円になったので、この日の複ころは中止。馬券はまったく当たらず、WIN5ももちろん当たらず、そのためにマイナスがどんどん膨れ上がっているが、WIN5の原資を作るための複ころが当たっているので（そのたびに、そのままだの差せだの叫ぶから）、なんだか「全滅！」という感じがしない。考えてみれば、それがいちばん最悪だ。お前は負けているのだよ。わかっているのか！

そのままそのままそのまま！

小銭入れをなくした。土曜の夕方、新聞を買いに隣町に出かけたのである。所用を済ませ、書店を覗き、惣菜屋で唐揚げを買って代金を支払うときに気がついた。小銭入れがない！　あわてて探したが、小銭入れはどこにもない。財布をなくしたわけではないから、損失はたかがしれている。500円玉がたしか3枚入っていた。あとは100円玉が十数枚だろう。だから3000円に満たない。小銭入れ自体は安物だから、幾らだったかなあ、2000円くらいのものか。だから合計でも損失は約5000円。実はその日、私は競馬で3万8500円負けている。そのマイナスに比べれば、5000円の損失など、ないに等しい。ところが競馬で負けた約4万は惜しいと思わないのに、小銭入れの5000円は惜しいのである。もちろん、競馬の負けもコノヤロという気持ちはあったりするが、毎週のことなのだから、いちいち傷ついていられない。そんなことに一喜一憂していたら競馬などやっていられない。1年の終わりにプラスになればいいのだ。つまり長い勝負なのだ。

それにまだ土曜が終わったばかりで、日曜の競馬が残っている。今週の負けが確定したわけではない。だからマイナス3万8500円は途中経過にすぎない。惜しいと思わないのはたぶんそういうことだろう。ところが、小銭入れの約5000円の損失は、もう絶対に取り戻せないマイナスなのだ。だから、ホントに惜しい。あ～あ、どこで落としちゃったのかなあと、くよくよ考えるのである。

いいや、競馬で勝てばいいんだと立ち直ったのはその日の夜で、ああでもないこうでもないと複勝ころがしの馬を探すのはまったく面白い。この日の複候補は新潟6Rの⑯ブランダルジャン（3番人気）と、札幌7Rの⑪ラガーギアチェンジ（5番人気）。このどちらかがコケたら最後は小倉7Rの⑭ギョイ（4番人気）という予定で、首尾よく1回目の⑯ブランダルジャンが3着した（4着とはハナ差）ものの、続く2つがコケて、この日の複ころはマイルールにしたがって中止。2回とも不発でマイナス6000円になったときには終了というのがマイルールなのである。この日のWIN5は、180点バージョンと50点バージョンの2通りを考えていたのだが、複ころで6000円のマイナスをくらってしまったので、50点バージョンを採用。結果的にはどちらでも外れていたから同じであった。小銭入れもなくすし、複ころも当たらないし、もういいんだと迎えた札幌9R。実は私、複ころを始めたときに決めたマイルールがもう一つある。それは複オッズが3倍を超える場合は、複ころをやらずに3連複フォーメーションの1列目に採用、とのマイルールだ。それは、そんな穴馬が飛び込んできたのに複勝だけではもったいない、との助平心にすぎないが、そういう区別をつけておかないと複ころの候補にするのか、3連複フォーメーションの1列目候補にするのか、その都度迷ってしまうという理由もある。まあ、どちらにしても3着以内に来ないと1円にもならないんだけどね。だから札幌9R十勝岳特別（3歳上500万下の芝1800m戦）の⑨サグレスは、複候補ではなく最初から3連複フォーメーションの1列目候補であった。なぜなら8番人気という人気薄であったからだ。これくらいの人気薄で、単騎逃げ確定なのだ。なんとか3着に残れないかとの狙いである。あとから考えれば、よくそれだけの根拠で馬券を買えるよなと思うけれど、競馬エイトの穴予想家がぽつんと◎を打っていたし、実に魅力的な穴馬と言っていい。

いやあ、楽しかった。ホントに楽しかった。予想通り、⑨サグレスは早々とハナを取り、全馬を引き連れて1コーナーを回っていく。無理するなよ、ゆっくりと行けよ。祈るようにテレビの画面を見守るが、そのままの態勢で3コーナーも4コーナーも変わらない。あとは直線、もつかどうかだ。直後につけていた⑧テルメディカラカラ（5番人気）が⑨サグレスに襲いかかってくる。この馬は2列目の1頭だから展開はなかなかよろしい。あっという間に⑨サグレスはかわされるが、相手が⑧テルメディカラカラだからこれでいいの

2回札幌2日　9R　十勝岳特別

着順	予想	枠番	馬番	馬名	性齢	斤量	騎手	タイム	着差	通過順	上り	人気	単勝オッズ	体重	増減	厩舎
1	▲	❺	⑧	テルメディカラカラ	牝3	52	藤田伸	1.48.4		4 3 2	中35.3	⑤	11.8	448	0	栗石橋守
2		❸	③	ヤマニンバステト	牝4	55	丹内祐	1.48.5	½	3 3 4	内35.4	⑫	57.2	464	+8	栗千田輝
3	△	❻	⑨	サグレス	牝4	55	黛　弘	1.48.6	½	1 1 1	内35.9	⑧	22.4	470	−4	北奥平雅
4	○	❶	①	ヒルノマテーラ	牝4	55	四位洋	1.48.6	鼻	7 7 5	中35.2	①	3.1	460	0	栗昆　貢
5	△	❷	②	ウインアキレア	牝3	52	池添謙	1.48.8	1¼	⑩ 9 9	中35.2	④	8.5	452	+2	栗加用正
6	▲	❼	⑪	ウインオリアート	牝4	55	戸崎圭	1.49.0	1½	5 5 5	外35.8	③	8.0	436	0	北鹿戸雄
7		❻	⑩	スペランツァデーア	牝4	55	ルメール	1.49.0	鼻	9 9 9	外35.4	⑩	26.6	448	0	栗牧田和
8	△	❽	⑬	メローハーモニー	牝3	52	岩田康	1.49.1	¾	11 11 11	外35.1	⑨	23.4	464	−4	北手塚貴
9		❸	④	ターフデライト	牝6	55	宮崎光	1.49.2	首	2 2 2	中36.4	⑬	136.7	504	0	南小島茂
10		❹	⑥	ロックキャンディ	牝3	52	柴山雄	1.49.2	首	5 5 8	中35.9	⑪	53.0	492	+14	北土田稔
11	◎	❺	⑦	ロッカフラベイビー	牝3	52	蛯名正	1.49.3	首	7 7 5	外35.9	②	3.1	444	−2	北鹿戸雄
12		❹	⑤	マルーンドロップ	牝4	55	三浦皇	1.49.4	½	11 11 11	内35.4	⑭	198.8	464	−4	南栗田徹
13		❼	⑫	トウシンハンター	牝3	52	川田将	1.49.5	½	⑬ 13 13	外35.0	⑦	17.6	442	−4	栗松田博
14		❽	⑭	アグネスマクシム	牝3	52	丸田恭	1.50.0	3	14 14 14	内35.3	⑥	16.8	446	+2	栗鮫島一

単⑧1180円　複⑧440円　③1200円　⑨700円
馬連③—⑧31430円㊿8　枠連❸—❺6240円⑲
馬単⑧—③51510円105　３連複③⑧⑨139020円210
３連単⑧③⑨912300円1217
ワイド③—⑧8310円㊿8　⑧—⑨2770円㉙　③—⑨10030円63

だ。先行していた③ヤマニンバステト（12番人気）もあっという間に⑨サグレスをかわして上がっていくが、おお、君は3列目だ。これでいい。あとは⑨サグレスが3着に残れば完成だ。我慢できずにテレビに向かって叫んだ。「まゆずみＭＡＹＵＺＵＭＩマユズミ！」。そこに1番人気の①ヒルノマテーラが外から襲いかかる。ああ、だめか。しのげないか。「黛まゆずみＭＡＹＵＺＵＭＩマユズミ！」。直線が短いはずなのにどうしてゴールはまだ来ないのか！　早くゴールよ来い。「そのままそのままそのまま！」。⑨サグレスはなんとハナ差しのいで3着でゴール。おお、お前はエライ！　その3連複は13万9020円。小銭入れなんていらないぞ、と思った日曜の午後であった。

おお、買っている！

気のせいか最近、パドックで気になった馬が全然来ない。たとえば2回札幌3日目の6R。3歳未勝利の芝2000m戦だが、そのパドックの気配におやっと思ったのが⑪ビセックスタイル。8番人気の馬だ。本当はこのレース、①アリビアールを1列目に置いた3連複フォーメーションを買う予定でいた。ところが鞍上が香港のモレイラなので人気を集めたのか、2番人気でがっかり。そんな人気では買う気がしない。ワールドオールスタージョッキーズで来日したモレイラは午前中にすでに2勝をあげ、なんだかモノが違うという感じだ。競馬ファンはその日のツキの流れに敏感だから、それで人気を集めていたのかもしれない。香港から来たとはいってもブラジル人で、2010年から4年連続でシンガポールのリーディングを獲得、2013年に香港に移籍してそれまでのシーズン記録を塗り替えたという。昨年の安田記念にも来日したというのだが、こんな名手とは知らなかった。2番人気かよお、困ったなあというときに見つけたのが、⑪ビセックスタイル。鞍上は武豊。

モレイラがどれほどのジョッキーか知らないが、わが日本には武豊がいるのだ。よおし、この馬からだと1列目を変更して3連複フォーメーションを購入したが、これはやってはいけなかったとあとで反省。これからもこういう事態はあるだろうから、忘れないようにメモしておきたい。予想していたよりも人気になっていたのならケンすべきだ。オッズを見て予想を変えるというのは、やってはいけない。これでは以前の買い方と変わらない。案の定、⑪ビセックスタイルは14着に惨敗。ブービーだ。4コーナーで不利があったように見えたのでこの惨敗も致し方ないが、私が予想を変更してこの馬を購入しなければこんなことにはならなかったのではないか。ちなみに、モレイラ騎乗の①アリビアールは12着。どうやっても馬券は外れていた。

それにしてもこの日はひどかった。小倉7R（3歳未勝利のダート1700m戦）で、⑭ヒルノリヴァプール（5番人気）を買うと、16頭立ての16着。つまりビリだったのである。鞍上の鮫島克駿はいま売り出し中の若手ジョッキーで、この日はここまで1着1回、3着2回。6Rまでに5鞍騎乗して馬券圏内に3回入っているのだから、この日は絶好調と言っていい。武豊とモレイラだって14着と12着に負けることがあるのだから、そういうイキのいい騎手がビリに負けることがあっても仕方がない。勝負は時の運だ。問題は、そういう惨敗を喫するときに馬券を買うやつのツキのなさだ。さらにまだ続く。この日の小

2回小倉9日　11R　釜山S

着順	予想	枠番	馬番	馬名	性齢	斤量	騎手	タイム	着差	通過順	上り	人気	単勝オッズ	体重増減	厩舎
1		❼	⑨	トミケンユークアイ	騸6	55	秋山真	1.42.9		1 1 1	内37.3	⑧	24.0	486+2	美和田道
2	△	❶	①	フォローハート	牝4	53	岩崎翼	1.42.9	首	4 3 3	中36.9	⑦	18.3	462 0	栗河内洋
3	▲	❺	⑤	イースターパレード	騸6	56	幸　英	1.43.1	1	6 6 7	外37.0	④	6.0	512 0	栗平田修
4	◎	❻	⑦	エノラブエナ	牡4	57	小牧太	1.43.1	頭	6 3 3	外37.1	③	5.7	548-6	栗宮本博
5	△	❷	②	カラパナビーチ	牡3	53	和田竜	1.43.2	½	4 3 3	中37.3	⑤	7.2	532-2	栗吉田直
6		❹	④	エルマンボ	牡5	56	川田将	1.43.2	鼻	⑥ 8 7	内37.0	⑥	7.2	536 0	美堀　宣
7		❼	⑧	カネトシマーシャル	牡7	55	国分恭	1.43.3	½	⑪ 6 3	内37.2	⑪	92.9	508-12	栗五十嵐忠
8	△	❽	⑩	グレナディアーズ	牡4	56	北村友	1.43.5	¾	⑪ 9 9	外37.1	①	3.9	500 0	栗音無秀
9	△	❻	⑥	ノボリドリーム	牡6	55	高倉稜	1.43.7	1¼	9 9 10	中37.2	⑨	43.0	456+8	栗松永昌
10		❽	⑪	セイカフォルトゥナ	牝6	51	酒井学	1.43.9	1¼	2 2 2	中38.2	⑩	60.6	494-4	栗目野哲
	○	❸	③	サンライズバロン	牡5	56	浜中俊	（中止）		3 11 11	—	②	4.2	498-4	栗浜田多

単⑨2400円　複⑨710円　①480円　⑤250円　　ブリンカー＝⑦
馬連①―⑨14110円㉞　　枠連❶―❼8400円㉘
馬単⑨―①28180円㊼　　３連複①⑤⑨24600円㊾
３連単⑨①⑤221720円478
ワイド①―⑨3250円㉜　⑤―⑨2160円㉔　①―⑤1300円⑱

倉8R。3歳上500万下の芝1800m戦だが、私の狙いは①カレンヴィットリア。6番人気の馬だが、自信を持って1列目に置いたこの馬が、何着だったと思いますか？　なんと、16頭立ての14着。後ろから数えて3番目だ。つまり札幌6R、小倉7R、小倉8Rという3鞍で私が軸にした馬は、14着、16着、14着。ブービー、ビリ、ビリから3番目、との順番だったのである。こんな日は大負けしたと思うでしょ？　ところがそうでないから競馬は面白い。

　小倉11R釜山Sで、まず246倍の3連複が当たったのである。これは8番人気の⑨トミケンユークアイが逃げ切ったレースだが、ゴール前はその⑨に3頭が襲いかかって大混戦。私の軸馬である①フォローハート（7番人気）がその中にいるのはわかっているが、相手本線の③サンライズバロン（この馬への馬連とワイドを買っていた）が競走を中止したので、あ～あと思っていた。こういうことがあるから複勝のほうがいいよなあ。ＷＩＮ５の資金を作るためだけでなく、複勝そのものをもっと見直してもいいのではないか。この①フォローハートの複勝って幾らつくのかなあ（あとで確認すると４８０円だった）、馬連とかワイドなど買わずに複勝にすればよかった、７番人気の軸馬が実際に来るなんてことは滅多にないぞ、そういうときに馬券が当たらないのでは勝つことがないよなあ、と心が千々に乱れていたときに、待てよと思った。１着が⑨トミケンユークアイ、２着が①フォローハート、それで３着が⑤イースターパレード？　ちょっと待ってくれ。あわててタブレットの投票履歴を調べる。ええとええと、おお、３連複を買っている！　最後の最後に、①フォローハートを１頭軸の３連複を追加したのであった。この配当が２４６倍。この日の負けを一気に取り戻してしまった。さらにさらに、新潟11Ｒ・ＢＳＮ賞を、⑪ダブルスター（８番人気）を１列目に置くいつもの３連複フォーメーションで仕留めてプラス入り。その配当は１３０倍とたいしたことがなく、５１８倍の３連単のほうがよかったなあと思わないでもないが（小倉11Ｒの３連単は22万馬券だった）、贅沢は言うまい。パドック診断と複勝が当たらなくなったことは気になるが、３連複がヒットすればそれで十分なのである。

ボウズを回避せよ

３連複フォーメーション馬券作戦が当たっているときにはＷＩＮ５資金作成のための複勝転がしが当たらず、複勝転がしがヒットすると3連複がかすりもしないという傾向がこのところ続いている。つまりどちらかなのだ。だから2回新潟11日目の８Ｒ（３歳上５００万下のダート１８００ｍ戦）で複勝が当たったとき、イヤな予感がした。この日は朝から複勝を狙う馬が見つからなかった。ＷＩＮ５は翌日だから、無理に複勝に突っ込むこともない。適当な馬がいなければ日曜に2頭探せばいい——と思っていたら、新潟８Ｒの⑦クロフネビームスにビビっときた。５番人気の馬だ。最初は3連複の1列目に置こうかとも思ったが、その複オッズの最小値が2・8倍だったのでマイルールにしたがって複勝の対象にした（3倍以上のときは3連複と決めているのだ）。

ところが先行するかと思ったら（だって前走は「4 2 2」、前々走は「2 2 1」なんだぜ）、なんと後ろから2番手。おいおい。どうして私が買うといつもこうなんだ。しかししかし、向こう正面から徐々に位置を上げて、4コーナーでは先行馬群の直後につける。おお、いいじゃないか。直線に入るとまったく伸びないということはよくあるので、このあとが緊張の瞬間だが、ぐんぐん伸びてきたから胸きゅん。3番手、2番手と上がっていくのだ。おお、お前はエライ。その脚いろは、1着に迫る勢いだが、私が買っているのは複勝だけだから、もうそれで十分。結局⑦クロフネビームスは2着でゴール。ええと、1着は何だったの？　⑧スラリーアイス？　鞍上は野中悠太郎？　手元の新聞を見ると△がぽつぽつとついている程度。3着も同様な印の⑭クリッパールート。ちょっと待ってくれ。ということは、この⑦クロフネビームスの複勝、4倍くらい？　1着は10番人気、3着は8番人気だったので、⑦クロフネビームスの複勝はなんと560円。3連複は600倍だったが、これは逆立ちしても取れなかった。たとえ⑦クロフネビームスを1列目に置いて3連複を買っても、⑧スラリーアイスに印をまわすことは出来ない。だから複勝にしたのが正解であった。この複勝を私は3000円買ったので配当は1万6800円。これ一発で、WIN5の資金が出来てしまった。いやあ、いいなあ複勝。

そのときにちらっといやな予感がしたのである。複勝が当たると3連複馬券が当たらないという最近の傾向を思い出したのだ。いやだなあ。土日が終わってみると本当にその通りだったから、傾向というのは無視できない。しかも160点も買った日曜のWIN5は

1発目でどぼん。ふーん。土日とも大負けのところを救ったのは、勝負レース以外の馬券だった。まず土曜は、札幌8Rの3連複をゲット。これは例の3連複フォーメーションではなく、④ウインアキレア（4番人気）と、⑤シャルール（1番人気）の2頭を軸にして人気馬2頭に各2000円。ようするに堅い決着を予想したのだ。④ウインアキレアと⑤シャルールを1～2着裏表にした3連単を買おうかと直前まで迷ったが（かなり自信があったのだが）、競馬はそこまで甘くないよなと思って3連複にしたのが正解であった。④ウインアキレアは3着、⑤シャルールは2着。この2頭を1～2着に置いていたら外れであった。勝ったのは3番人気の⑫ペンタトニックで、3連複の配当は1920円。

日曜も勝負馬券は不発だったが、小倉9R若戸大橋特別（3歳上500万下の芝1800m戦）のパドック中継を見ているうちに、⑬アングライフェンに自信を持った。1番人気の⑦テーオービックバンが強そうなので、ここは3連複はやめて馬連とワイドにしたのがよかった。最後に、もしかするとここは儲けどころかもという気がしたのでその2頭を軸にした3連単マルチも購入。すると本当に⑬アングライフェンと⑦テーオービックバンが1～2着したのだ。しかも最後の直線で2頭ともに差して1～2着だから、配当以上にしびれた。いいなあこういうの。3着は⑭タガノレグルス（5番人気）と⑪イイデフューチャー（3番人気）の争いで、後者なら私の3連単（284倍）が当たっていたが、惜しくも前者がハナ差勝ち。その馬連は2890円、ワイドは960円。土曜札幌8Rの3連複同様に、たいした配当ではない。しかしこういう配当をしっかり取るのと外すのでは大違い。

土曜も日曜も、勝負レースはことごとく外れたものの、大ケガにいたらず小ケガで済んだのはこのおかげである。さすがにこの程度の配当では一日の収支がプラスにならず、物足りないことは否めないが、ボウズと比べればこれで十分。こうして、しのいでしのいで、当たりを待つのだ。いや、ボウズという最悪の事態を回避することが出来たからこれでいいとしよう、と自分に言い聞かすのである。

夏の借りは夏に返せ

秋競馬が始まったというのに今さら夏競馬の話もなんなのだが、忘れないうちにメモしておきたい。夏競馬最終日の最終レース、雷光特別にトウカイマインドが出てきたのだ。今度こそ外枠を引けよ、と思いながら新聞を開くと10番枠。微妙な枠だ。実はこの馬、新潟千直を走るのはこれが4度目である。最初は昨年8月。これが惜しかった。10番人気でクビ差の4着である。1着ネオザミスティックが6番人気、2着カシノワルツが4番人気、3着グラスルノンが11番人気で、3連単は20万。その11番人気の馬とクビ差だった。もしもトウカイマインドが3着していたら、10番人気だったから3連単の配当は同じくらいだったろう。つまり20万がするりと手からこぼれたわけだ。そのあと9月に再度千直を使って、8番人気で7着。こういうことはよくあるから、別に珍しいことではない。そのまま忘れてしまえば、どうということもない。競馬をやっていればよくある話である。

ところがそれから1年経って、今年の8月23日にまた新潟千直に出てきたとき、思い出してしまった。じっと新聞を見ていたら、待てよ、この馬、1年前に買った馬じゃなかったっけ。で、調べてみるとクビ差で20万（本当は幾らだったか知らないのだが）を逃がした馬であることが判明。こうなると自分の性格を持ち出すまでもなく、絶対に買いますね。ところが、11番人気で5着。競馬は甘くないのである。これで今年の夏が終われば、来年にはきっと忘れていただろう。ところが夏競馬の最終日に出走してきたから困った。当然ながらまだ覚えている。また買うのかよ——ここから葛藤が始まった。どうせなら外枠を引けよと思ったのに微妙な10番枠、しかしここまでの千直3戦でトウカイマインドは着実に時計を詰めている。しかもその3戦で5番枠→7番枠→7番枠だったのに今度は10番枠。もっと外枠のほうがよかったが、贅沢は言うまい。待望のフタケタ番枠だ。買え買えと言っているのだ。さあ、どうする？

1頭の馬を追いかけて、いいことはない。たとえば、すごく古い話で恐縮だが、ベストタイアップという馬がいた。この馬が正月に金杯を勝ったとき、その年の秋天を勝つのはこの馬だ、と勝手に予測したのである。これには説明が少し必要で、そのまたずっと昔に金杯を勝ったアイフルという馬が同じ年の秋天を勝ったことがあり、それを私、仕留めたので記憶の深い底に、「金杯→秋天」という図式がその後もかすかに残っているのである。もちろん毎年そう思うわけではなく、普段は冷静に競馬を見ているつもりだが、ほんの時たま、ベストタイアップのときのようにその記憶に負けてしまうことがある。その年の秋の天皇賞はすごかった。具体的に言えば平成8年だ。この年の秋の天皇賞を勝った馬を覚えていますか？　バブルガムフェローだ。2着馬がマヤノトップガン、3着がサクラローレル。ちなみに1番人気はサクラローレルで、2番人気はマーベラスサンデー（4着）だった。こんなに錚々たるメンバーが揃っていたのにベストタイアップの勝利を確信するのだから、妄信はおそろしい。あのときいったい幾ら穴場に突っ込んだのか、とてもここには書けない。ベストタイアップは6番人気で6着。人気通りに走ったわけだから順当な結果といっていい。私がバカなだけだ。

もちろん記憶に残っていてよかった、というケースもある。ベストタイアップと同じころ、つまり20年ほど前に走っていた馬だが、こちらは条件馬のまま終わったから覚えている人も少ないだろう。セイカカラーラという馬だ。秋の中山で4番人気で勝ち、人気薄を連れてきたので馬連が万馬券となったのだ。なぜそんなことを覚えているかというと、それを私、取ったからである。万馬券を取ると嬉しく、いまでも覚えている。

そのときなぜそのセイカカラーラを軸にしたのかというと、東京戦の最後の直線で一度伸びかかったものの、最後に脚が止まって4着か5着に負けたことがあり、直線の短いコースに出てきたら狙おうと思っていたのだ。私の記憶ではそうなっている。で、中山戦に出てきたとき、それを思い出してこの馬から馬連を4点買ったら、人気薄を連れてきて万馬券になった——という経緯だ。調べ直してみると、東京戦と中山戦の間に新潟戦などを使っていて、記憶とは微妙に違っているのだが、それはまあよろしい。覚えていてよかった、という例として私の記憶の中にセイカカラーラはくっきりと残っている。そうだ、いいことだってあったのだと、夏競馬の最終日、よおし今までの分を全部取り返すぞとトウカイマインドからばしばし買ってしまった。夏の借りは夏に返せ。このあとは書きたくない。トウカイマインドは何着だったんでしょうか。1年前のことなんて思い出さなければよかった、とうなだれるのである。

沸騰したらとりあえず頭を冷やせ

連休の初日、ウインズ新横浜のエクセルフロアに出撃したら、ふつふつと闘志が湧いてきた。今年の夏は福島と小倉には行ったものの、あとはずっと自宅でPAT観戦だったから、ようするに一人競馬である。だから大勢の競馬客がいる環境のなかで馬券を買うと燃えてくるものがあるのだ。朝から飛ばしすぎちゃったのはおそらくそのためだろう。阪神1Rの③タムロゴーゴー（7番人気）、中山1Rの⑭プリンセスミエル（10番人気）。この2頭の穴馬に目をつけたらもう止まらないのだ。前者がネオユニヴァース産駒、後者がキンシャサノキセキ産駒。2頭ともに前走は芝の新馬戦で13着と大敗だから人気がない。どうしてそんな馬を買ったのかというと、両者ともにここが初ダートなのである。

初ダートの馬が全部激走するわけではないが、まだ記憶に鮮明だから，ついつい買いたくなる。小倉に行ったとき、日曜だったから8月2日だ。その日の新潟3Rで、10番人気のコスモナオスという馬が勝ったのである。その単勝が86倍。指定席に座っていたらオサムが報告にきた。「キンカメのダート替わりで86倍ですよ。買えばよかったなあ」。私、そのレースを検討もしていなかった。前夜は遅くまで飲んだので予想する時間がなく、日曜の午前中はWIN5をはじめとしてあれこれと検討をしていたので他場（この日は小倉にいたので新潟は他場だ）の午前のレースまではとても手が回らなかった。あわてて新聞を見るとホントにキンカメのダート替わりだ。昔はよく買っていたが、全然来ないので、あるいは来ても配当が安いので最近は買わなくなっていたのである。ようするにみんなが目をつけちゃうと妙味がないのだ。

その新潟3Rは2着が4番人気で馬連が294倍、3着が12番人気で、3連複が85万、3連単が916万。とてもそれらは取れなかっただろう。取れたとしても単複だけだ。忘れたころにこういう穴が飛び出すから油断できない。ということがあったので、ダート替わりに注意せよ、とこの夏の記憶に刻み込まれている。そこにネオユニヴァースとキンシャサノキセキのダート替わりが出てきたのだ。この2頭の産駒もダート替わりでしばしば激走することがある。しかし、今年の夏の新潟で久々に穴が飛び出したけれど、いつもそうではないのだ。もう少し冷静になって、せめて単複だけにとどめればいいのに、このバカは他の馬券までばしばしと買うのである。阪神ではワイド5点と3連単マルチ36点、中山ではワイド4点に3連複24点。もうバカじゃないの。阪神は14頭立ての13着、中山は16頭立ての14着。さらに中山2Rにもキンシャサノキセキ産駒のダート替わりがいたから、コノヤロと買い（ええと、何着だったんでしょうか）、こうなると午前中だというのに止まらず、どんどんマイナスが膨れ上がる。

はっと冷静になって昼前に外に出たのは、私のいつもの癖である。東京競馬場でも午前中に飛ばしすぎたときによく場内を歩く。指定席に座っているとどんどん馬券を買いそうで自分が怖くなるのだ。東京競馬場のときはいつも競馬博物館に行く。展示物に興味があるわけではなく、そうして歩いていると沸騰した頭が徐々に冷えてくる。この日は新横浜の駅ビルの上のほうにある書店を覗きに行った。連休初日なので改札周辺はいつもよりも混んでいる。そうして頭を冷やして席に戻ったのだが、中山7Rでがつんと行かなかったのは、それまでの「大敗↓外に散策↓冷静」という流れと無縁ではない。もしも午前中をおとなしく過ごしていれば、この中山7Rにがつんと行ったに違いないのだ。もっともそんなに自信があったわけではない。最初はただの思いつきである。

3歳未勝利の芝2000m戦だが、⑤アドラビリティが単騎逃げであることに気づいたのだ。新聞を見ると印のついた有力馬は差し馬が多い。ならば面白いのではないか。前走は福島の同距離戦でやはり逃げてコンマ5秒差の5着。それで12番人気はおいしい。そこでこの馬の単複各1000円を買ってから、先に行きそうな③クインズマルシアノ（8番人気）と、⑩コンチャフラメンカ（3番人気）にワイドを各1000円。お楽しみに、その3頭の3連単ボックスを各100円。実は競馬エイトの調教欄おすすめ3頭が、その③⑩⑤なのだ。いまでも私、自分の本命が「競馬エイトの調教欄おすすめ3頭」のうちの1頭に入っていると、必ず3連単ボックスを買っている。つまり総額4600円を入れたわけだが、⑤アドラビリティは果敢に逃げまくり、⑩コンチャフラメンカには差されたものの、他馬の猛追をしのいで2着。740円の複勝と、3000円のワイドが当たったことになるが、その馬連が1万1440円、1番人気の⑥ヒアカムズザサンが3着の3連単が10万。強気に馬券を買えばどちらもゲットするのは容易だったろう。なぜ買わないんだ？ばかばかばかばか！

専門紙のない日曜日

手元にあるのは前日に購入した夕刊紙の競馬欄だけ、という状況のとき、どうするか。実は先週の日曜、そういう状況だったのである。競馬新聞を前日に買わなかったのは、その日、競馬をやる予定ではなかったからだ。だから夕刊紙だけしか買わなかった。ところが所用が突然なくなり、馬券を買う時間が出来たのである。これが丸一日空いたのなら、私だって専門紙をコンビニまで買いに行く。ところが時間が空いたのは日曜の午後2時くらいまで。その時刻まで馬券は買えるけれど、そのあとは外出しなければならない。そういう状況である。

自宅から歩いて7~8分のところにコンビニはあるが、結構遠いからそこまで買いに行くのは面倒だ。どうせ競馬は午後イチまでしか出来ないのだから、手元の夕刊紙でいいや、と思ってしまったとしても仕方がない。私、専門紙を買わずに馬券を買ったのは初めてである。競馬場の指定席エリアにいると時折、スポーツ新聞の競馬欄だけを見て馬券を買っている人を見かけることがある。場外でそういう人を見ることは少なくないが、競馬場の指定席だよ。２０００円や３０００円を払って指定席に入るのなら、あと５００円くらい出したっていいだろう。たしかに最近のスポーツ新聞は充実しているが、それでも競馬場に来るのなら専門紙くらいは買いたい。

私がどんなときでも専門紙を買ってきたのは、スポーツ新聞や夕刊紙では、サインペンのインクが滲んで裏写りしてしまうからだ、ということもある。つまり表はよくても裏をめくるとインクが滲んでいるから読みにくい。私、こういうのがすごく気になるタチである。私が愛用しているのは、ぺんてるのサインペンで、これは裏写りせず大変よろしい。近所のコンビニから姿を消したので、あちこちで見かけるたびに買い置きしているくらいだ。今年の夏、小倉に行ったとき、赤のサインペンをどこかに落としてしまい（競馬場でよく紛失するのだ。いつもなら予備のものを持っていくのだが、そのときは持っていくのを忘れたので）、１階の新聞売り場に買いに行った。私が愛用するぺんてるは競馬場に置いていないが、こうなったら仕方がない。裏写りするやつしか売ってなかったらイヤだなあと思っていたが、いつものやつじゃないのに全然平気なのでびっくり。なんだよ、ぺんてるじゃなくてもいいのかよ。

しかも先週の日曜日、本日は緊急事態なので裏写りしても仕方がないなと思って夕刊紙にサインペンで書き込むと、おやおや、なんとセーフ。最近は夕刊紙の紙質が向上したんでしょうか。しかし、裏写り問題が解決しても、まだ問題は残されている。全レースの馬柱がないのは物足りない。この点では専門紙にやっぱりかなわない。この週は2場開催だったので全レースの馬柱が載っていたけれど、3場開催になれば、第3場の午前中のレースは馬名だけになるはずだ。朝から馬券を買いたい私にしてみれば、これは不便。待てよ、それとも最近はそれも違っているのだろうか。関西圏のスポーツ新聞はたとえ3場開催でも全レースの馬柱が載っていて驚いたことがあるが、いまや関東でもそうなの？　調べたわけではないのでここは断言しないでおく。

というわけで、手元の夕刊紙で朝から馬券を買い、これがタイムリミットという中山8R。3歳上500万下のダート1800m戦だが、私の狙いは7番人気の⑯サリレモンド。この馬を1列目に置いた3連複を購入してみた。朝からここまで1本も当たってないが、もうそろそろ当たりがきてもいいだろう。すると、大外もなんのその、ぽんと飛び出して先行。しかし内枠の③ランディングバースも飛び出したから、楽な逃げ態勢にはならない。ふーん。私、この段階で早くも諦めた。単騎逃げを想定していたのだ。そんな甘い話はなく、案の定、⑯サリレモンドは早々とタレ、ゴール前は大混戦の差し決着となった。1着が⑭ロックキャンディ、2着が⑤ツクバローレル（パドックでチャカついていた馬だ）、3着が⑫ジェイケイニュース。8番人気→11番人気→14番人気、というものすごい決着で、3連複が96万、3連単が438万。こんなの、逆立ちしても取れるわけがない。

だからこの先はただの妄想だが、私が専門紙を持っていて（私は競馬エイトを創刊したときから愛読している）、その調教欄でこの3頭をすすめていたら、3頭ボックスで438万の3連単を仕留めていたのではないか。私はよくこの3頭ボックスを買うのだ。そうか、実際にそうだったら余計に悔しいから、それはやっぱり困るな。そこまでじゃなくて、このうちの1頭でも調教欄ですすめていたら、複勝くらい買ったのではないか、とかなんとか思うのである。このくらいでいい。ようするに、馬券が外れたのは専門紙を買わなかったためだ、と思いたいのである。本当は私が下手なだけなんだけどね。

大負けして迎えた最終レースに

スプリンターズSが外れたのでもう帰ろうかと思った。この日はウインズ新横浜のエクセルフロアに出撃したのだが（昼前に下に降りてみると7階はさすがに満席だったが、6階はまだ満席になっていなかった）、いいところがまったくなかった。今週は、土曜阪神2R（2歳未勝利の芝1200m戦）で5番人気⑪バオバブの複（320円）を3000円仕留めただけで、日曜のスプリンターズSを含めて1本も当たっていないのである。⑪バオバブの複はそのまま日曜のWIN5にまわしたので、土日ともにボウズの気分である。これでは帰りたくもなる。大負けして迎えた最終にヤケになってもっと突っ込み、ケガを大きくして帰宅したことは数えきれない。こういう日は早く帰るにかぎる。競馬は翌週もあるんだし。で、帰り支度を始めたのである。そのとき、手に取った新聞の阪神最終レースに○印が3つ付いているのが目に留まった。なんだこれ？

そうだ、データスクランブルだ。競馬エイトのコラムだ。この日の「データスクランブル」

には「阪神はダート戦も上がり重視」と見出しがついていた。今開催の阪神ダートは40戦で上がり3ハロン1位が〔17８４12〕で連対率61％だというのである。問題は今回上がり1位をどの馬が出すのかはわからないことで、そこでどんな馬を狙えばいいかというと、「過去に上がり最速をマークした舞台に出走してきた馬」「前走が芝で勝ち馬から1秒差以内だった馬」と2つの条件があげられ、結論として「厳選推奨馬」が列記されていた。阪神1Rのアオリスト（3番人気1着）、3Rのドラゴンケーニッヒ（1番人気3着）とレレオーネ（2番人気1着）、8Rのゴマスリオトコ（3番人気3着）と、最終レースを迎えるまでに4頭がその通りに走っていた。1Rは2頭中1頭、3Rは2頭ともに、8Rは3頭中1頭と、データ通りに複勝圏内に突入していたのである。

全部上位人気馬ではないかとの意見はあろうが、私、こういうことに気がつくとすぐにメモしたくなるタチである。そこでこのコラムが最終レースの「厳選推奨馬」として名前をあげていた3頭のところに、8Rが終わったときに忘れないよう○印をつけておいたのであった。それが⑪ヴィッセン（4番人気）、⑭タマモネイヴィー（6番人気）、⑯メイショウウタゲ（2番人気）の3頭だ。しかしその3頭に○印をつけただけで、予想はそれ以上進展しなかったようで、あとは何も書かれていない。これでいったいどうやって馬券を買えばいいのか。このまま帰ろうかな、でもせっかく「厳選推奨馬」を教えてくれたのだから、なんとかしたい。さあ、どうする？

そのとき行動を決したのは調教欄を見たからである。そこには〔⑬⑭⑯〕の3頭があげられていた。⑭と⑯は、データスクランブルの「厳選推奨馬」だ。そうか、この2頭のワイドを買うのはどうかとひらめき、急いでオッズを調べると約10倍。この日の収支をチャラにするには1万を投入しなければならない。負けたらキツイ。そこでこの2頭を軸にして相手6頭の3連単マルチを買うことにした。これなら外れても3600円だ。調教欄のトップにあげられていたのは1番人気の⑬ブチコだが、キンカメ産駒は休み明けにパフォーマンスを下げるので切り。どのみちこんな人気馬がきたのでは負けを取り戻せない。

それにしても土曜阪神2Rはホント、惜しかった。3番人気②サイタスリーレッドに◎をつけていたのだ。で、パドック中継を見たら⑪バオバブ（5番人気）の気配がよく、だったら②⑪の馬連かワイドを買えばいいのに（そうしておくとこの2頭が1～2着したので、5440円の馬連と1710円のワイドが当たっていた）、なぜか⑪バオバブの複勝だけしか買わなかった。3着⑤ミスズスター（6番人気）も買えただろうから、②⑪の2頭を軸にして3連単を買えば、666倍も簡単にゲットできていた。149倍の3連複など楽勝だったのに、土曜の朝から飛ばすと外れたときに大変なことになると自重したのが間違い。全部買っていれば幾らになっていたのか、計算するのも嫌だ。あとから考えると、土曜のチャ

4回阪神9日　12R　3歳上1000万下

着順	予想	枠番	馬番	馬名	性齢	斤量	騎手	タイム	着差	通過順	上り	人気	単勝オッズ	体重増減	厩舎
1		❼	⑭	タマモネイヴィー	牡4	57	池添謙	1.52.2		9-2-1	中38.0	⑥	20.4	496−10	栗中竹和
2	◎	❽	⑯	メイショウウタゲ	牡4	57	武　幸	1.52.5	2	10-7-4	中37.5	②	4.0	510　0	栗安達昭
3		❻	⑫	ミキノハルモニー	牡4	55	城戸義	1.52.7	1¼	16-16-14	外36.7	⑨	29.7	456＋4	栗大橋勇
4	▲	❺	⑨	ミツバ	牡3	52	鮫島駿	1.53.2	3	13-11-7	外37.7	③	5.0	444−2	栗加用正
5	△	❻	⑪	ヴィッセン	牡4	57	福永祐	1.53.3	¾	15-14-10	外37.5	④	5.3	472−4	栗石坂正
6	△	❶	①	スズカウラノス	牡6	57	幸　英	1.53.4	½	13-14-12	中37.7	⑦	20.6	466＋2	栗坪　憲
7		❶	②	シンゼンガンプ	牡3	53	義　英	1.53.4	鼻	11-11-9	中37.9	⑬	82.8	460−2	栗飯田祐
8	○	❼	⑬	ブチコ	牝3	53	内田博	1.53.5	首	5-4-3	中38.9	①	3.7	486＋16	栗音無秀
9		❸	⑥	トラキチシャチョウ	牡4	57	小林徹	1.53.9	2½	7-7-7	中38.7	⑮	153.7	486−10	栗目野哲
10		❽	⑮	ショーグン	牡5	57	柴山雄	1.53.9	頭	12-13-15	中38.1	⑩	30.5	628＋2	栗千田輝
11		❹	⑦	フジインザスカイ	牝4	55	川島信	1.53.9	鼻	4-5-6	中39.0	⑫	59.6	466−4	栗荒川義
12	△	❸	⑤	ダノングッド	牡3	55	太宰啓	1.54.1	1¼	7-10-16	中38.4	⑧	28.7	492−8	栗村山明
13		❺	⑩	ブレイクアウト	牡4	56	岩崎翼	1.54.3	1	3-3-4	内39.7	⑭	137.6	478　0	栗本田優
14	▲	❷	③	ヒルノデンハーグ	牡3	55	鮫島良	1.54.6	2	1-1-2	内40.5	⑤	11.9	476−2	栗昆　貢
15		❹	⑧	フィエルテ	牝3	53	和田竜	1.55.1	3	5-9-12	中39.7	⑪	47.3	472−2	栗鈴木孝
16		❷	④	サンライズベーダー	騸5	57	国分恭	1.56.2	7	2-5-10	内41.2	⑯	155.2	482−12	栗浜田多

単⑭2040円　複⑭450円　⑯190円　⑫630円　ブリンカー＝⑭⑨③
馬連⑭―⑯3430円⑩　枠連❼―❽670円①
馬単⑭―⑯7620円㉘　３連複⑫⑭⑯21810円㉓
３連単⑭⑯⑫135300円419
ワイド⑭―⑯1170円⑪　⑫―⑭4940円㊸　⑫―⑯1960円⑲

ンスはこれだけであったことがわかるのだが、問題はそのときにはわからないことだ。いまは行くべきではない、と大人の自分が顔を出したりして、悶々とするのである。

日曜の阪神最終のときも、同じように悶々としたが行って正解であった。向こう正面で⑭タマモネイヴィーが大まくりを打ち、最後の直線で早々と先頭に立ち、2番手に⑯メイショウウタゲが上がってきたとき、ワイドにすればよかったと猛烈に後悔。3着は6頭しか買っていないことが突然不安になったのである。しかししかし、混戦の3着争いを1頭が抜け出してきて、それが⑫ミキノハルモニー（9番人気）であることを確認してホッ。3連単は13万超え。土曜の負けまでは取り戻せなかったが、久々に嬉しい。

ジョッキーベイビーズの予想がヒット

勝負レースが不発に終わり、東西の最終レースもいいところがなく、はっと気がつくと土日で全治2ヵ月超えの負け。どうしてこんなことになっちゃったのか、としばし呆然。立ち上がる気力が湧いてこない。秋の府中の開幕週は3日間競馬なのでまだ月曜の競馬が残っているが、とてもそんな気が起きない。

日曜の朝はそれでも心が躍っていた。9月の中山に行けなかったので、生競馬を見るのは8月の小倉以来で、やっぱりほんの少し嬉しい。前日の土曜に全治1ヵ月の負けを喫していて、これは深く反省しなければならないが（勝負に負けての惨敗ならば致し方ないが昔のようにじりじりとマイナスが積み重なる負け方はよくない）、それでもなんだか楽しいのだ。毎日王冠の日は、GⅠの日を除けば府中でいちばん混む日だが、朝から雨が降っているのでさすがに今年は客が少ないだろうと思っていたら、おやおや、府中競馬正門前駅近くまで列が延びている。雨降りではあっても万が一ということがあるから、念には念を入れていつもより早めに行ったのだが、最後に貰ったブロック別の整理券の番号は167番。いつもは60番くらいだから予想よりも100人程度多い。じゃあ、いい席は残ってないかと思ったら、お気に入りの席がぽつんぽつんと2つ残っていた。この日は一人なので、こういうときに便利。2人だと並びの席にしたいから、2人掛けの片側だけ空いている席はスルーされ、残ってしまうのである。おかげで整理番号17番を貰った前日の席とまったく同じ席に座ることができた。

それにしても指定席客の先行入場時刻から、購入までの時間はなんと40分。私の前に166人も並んでいたとの事情もあるだろうが、いつも東京競馬場に来ない客も多かったのではないか。というのは、早朝指定席の列に並んでいたら、その行列の横を中年3人組が早足で歩いていったのである。遙か彼方《かなた》に開門を待つ一般入場の列があったので（列といっても早朝なのでこちらは30人もいない）、そちらに並ぶ客なのかと思った。するとそのうちの一人が突然足を止め、通りかかった係員に「当日指定の列はどこ?」と質問したのだ。係員は私が並んでいる列の遙か後ろを指して、「この最後尾に並んでください」。「当日指定だよ」「この列です」。その中年氏、あわてて先を行く仲間2人を呼び止めた。「おい、こっちだって」。それだけの光景だが、ははあ、東京競馬場の当日指定に並び慣れていない客だなと思った。2階正門前に30人くらいの客がかたまっている。このグループが一つ。もう一つは、渡り通路の左側に2階正門前からずっと並んでいる1列（早い時刻には1列で並び、ABC並びにブロック別に並ぶのはもっとあとだ）。普通に考えれば、この長い行列のほうが指定席購入のために並んでいる客であることは明白である。ちょっとした荷物を持っていたグループだったので連休を利用して東京競馬場に遊びにきたのかもしれない。つまり、東京競馬場に慣れていない客が少なくなかったので窓口で時間がかかったのかもしれない、というのが私の推測だ。まあ、慣れていなくても馬券が当たればいいんだけどね。

私などは東京競馬場の指定席システムにはすっかり慣れているが、馬券が全然当たらない。土日でヒットしたのは日曜東京の2Rのみ。8番人気の②ビレッジシャトルを1列目に置いた3連複フォーメーションを買ったら、久々に的中。馬群を割って直線鋭く差し、先に抜け出した⑤サバイバルポケット（6番人気）の2着に入ったのである。3着争いは①ミネットと⑨ピュアブリリアンの写真判定になったが、どちらも持っているので問題なし。2番人気と3番人気の2頭だから、2列目同士の3着争いだ。結果は前者が3着で、3連複は220倍。これが別の日であったなら、200倍の馬連とか18万の3連単とか、いろいろガツンと取っていたかもしれない。しかしその前日に全治1ヵ月の負けを喫したので慎重になっていた。日曜は勝負レースに資金を残しておきたかったとの事情もある。だから仕留めたのは3連複のみ。こんなに見事にゲットできるレースは少ないというのに、まったく残念だ。

あとのことは全然覚えていない。勝負レースにコケたことも忘れよう。で、指定席に座って呆然としていたら、第7回ジョッキーベイビーズのアナウンス。ふーん、いつもこの時期だっけ。昨年のことも全然覚えていない。東京競馬場の直線400mを使ってポニーに乗って争うレースである。もしも単勝を買うなら北海道地区代表の大池崚馬くんだなと思ったのは、出場8人の中に小学生は2人いるのだが（あとは中学生）、崚馬くんがいちばん年下だからだ。だから応援したい。もちろん馬券は売っていないが、その崚馬くん、ぽんと飛び出してそのまま逃げ切ってしまった。ゴール後に馬から落ちたのはご愛嬌だが、そうか、馬券を買わないと予想も当たるんだ、と思いながら帰途についたのであった。

返し馬を信じろ

シマノはホントに落ちつかないやつだ。指定席に入ってもおとなしく座っているということがない。馬券が全然当たらないよ、とトシキが言うので、そうかあオレだけじゃないんだ、みんな苦労してるんだ、じゃあ君はどうなの、と隣を見たらシマノがいない。しばらくすると席に戻ってきたので、どこへ行ってたのか尋ねると、フジビュースタンドの1階にある岩手競馬の窓口へ馬券を買いに行っていたという。「岩手競馬を応援しなくちゃな」。言うことは立派なのである。「昼になったら競艇、行ってくる」。この男、賭ける対象がなんでもいいのだ。

でもさ、今日やってるとは限らないじゃない、やってるかどうか確認してきたの、という問いには「今日、準決勝だから」と素早い返事。朝家を出るときからそのつもりだったんだ。ほら、あそこだよと指さすので見ると、3コーナーの先に白い建物があり、そのまた向こう側にオレンジ色の横帯が見える。「あれが多摩川競艇場のスタンドだよ」。近いようだが、競馬場から歩くと結構ありそうだ。行くときはどうやって行くの、と質問すると府中本町から無料バスが出てるとのこと。「歩くと30分はかかるんじゃないかなあ」。あとで聞くと、帰りは府中本町行きのバスがなかなか来ないので京王線のどこだったか、どこかの駅までの無料バスに乗り、ぐるっとまわって競馬場に帰ってきたようだ。帰り際に、今日買った舟券が当たったかどうかはいつ調べる、と尋ねると「明日のスポーツ新聞を買うのが楽しみなんだよお」と言う。人にはいろいろな楽しみ方があるということだ。

この日はトシキとシマノを誘って東京競馬場に出撃したのだが、朝からどしゃぶりだというのに（昼にやんだけど）、開門時は正門前が大混雑。雨降りの土曜だというのに、どうしてこんなに混んでるんでしょうか。給料日前なのになあ、とトシキも首をひねっていた。この日の明暗を分けたのは、東京メインの府中牝馬Sだ。コンマ4秒の間に9頭がひしめく大混戦を制したのは11番人気の⑮ノボリディアーナ。私は中団から伸びてこない軸馬をずっと双眼鏡で追っていたので、前で何が起きているのかわからなかった。レースが決着してから「何が勝ったの？」とトシキに尋ねると「ルメールだよ。でもこれは買えないなあ」とぽつり。えっ、ルメール？　手元の新聞の⑮ノボリディアーナのところに、赤のサインペンで横に長く線が引かれている。返し馬の気配がよかった馬だ！　そんなばかな、ここでくるのか！

着順	予想	枠番	馬番	馬名	性齢	斤量	騎手	タイム	着差	通過順	上り	人気	単勝オッズ	体重増減	厩舎
1		❽	⑮	ノボリディアーナ	牝5	54	ルメール	1.46.3		11 12 9	外33.9	⑪	32.0	458-4	栗東松永昌
2	▲	❷	④	スマートレイアー	牝5	54	Mデムー	1.46.5	1¼	7 7 9	中34.1	①	4.2	464+2	栗東大久保龍
3	△	❽	⑰	カフェブリリアント	牝5	55	岩田康	1.46.5	頭	14 14 13	外33.7	⑤	8.3	428-4	美浦堀 宣
4		❸	⑥	フレイムコード	牝6	54	菱田裕	1.46.5	首	2 2 2	内35.0	⑰	163.3	464-8	栗東谷 潔
5		❹	⑧	リメインサイレント	牝5	54	柴山雄	1.46.5	鼻	4 5 5	中34.5	⑮	109.8	496 0	栗東田中章
6		❼	⑭	トーセンソレイユ	牝5	54	内田博	1.46.7	¾	11 10 11	中34.2	⑭	61.7	438-4	栗東池江寿
7	△	❻	⑫	スイートサルサ	牝5	54	田中勝	1.46.7	鼻	10 10 11	外34.2	④	8.1	470 0	美浦菊川正
8	△	❽	⑯	カレンケカリーナ	牝5	54	津村明	1.46.7	首	7 7 6	外34.5	⑦	20.9	490-4	栗東安田隆
9	○	❶	①	ケイアイエレガント	牝6	54	吉田豊	1.46.7	鼻	1 1 1	内35.5	③	5.4	528-2	美浦尾形充
10		❺	⑨	ゴールデンナンバー	牝6	54	秋山真	1.46.8	¾	14 14 13	中34.0	⑫	51.2	514-4	美浦萩原清
11		❸	⑤	ケイティバローズ	牝5	54	石橋脩	1.46.9	首	7 7 6	外34.7	⑯	110.5	502+4	栗東角田晃
12	▲	❶	②	シャトーブランシュ	牝5	54	藤岡康	1.47.1	1¼	11 12 13	内34.4	⑥	13.1	476+4	栗東高橋忠
13		❻	⑪	パワースポット	牝7	54	大野拓	1.47.1	鼻	16 16 16	内34.2	⑨	23.2	476+4	美浦菊沢徳
14		❹	⑦	メイショウマンボ	牝5	55	武 幸	1.47.4	1¾	2 4 4	中35.7	⑧	22.4	488-1	栗東飯田祐
15	◎	❷	③	レッドリヴェール	牝4	54	戸崎圭	1.47.4	首	4 5 ⑥	内35.2	②	4.3	428-2	栗東須貝尚
16		❼	⑬	イリュミナンス	牝5	54	横山典	1.47.5	½	⑰ 17 17	中34.4	⑩	25.0	474-14	栗東松永幹
17		❺	⑩	ミナレット	牝5	54	江田照	1.48.6	7	④ 2 2	中37.1	⑬	54.8	480-2	美浦大和田成

単⑮3200円　複⑮770円　④200円　⑰290円　　ブリンカー＝①⑤
馬連④―⑮6590円㉓　　枠連❷―❽610円②
馬単⑮―④16180円㊽　　３連複④⑮⑰20460円㊽
３連単⑮④⑰163830円542
ワイド④―⑮2240円㉗　⑮―⑰4540円㊾　④―⑰1060円⑨

4回東京4日　11R　府中牝馬S

実はこの日、返し馬作戦は不発の連続だった。6Rの⑦オーゴンボルト（9番人気で7着）、8Rの④シンガン（8番人気で12着）、10Rの⑬カシノピカチュウ（8番人気で8着）と、全部スカ。2Rの⑩エルゼロはきっちりと2着したけれど、この馬は2番人気の馬だから、返し馬の気配が反映したというよりも人気通りに走ったと言えなくもない。人気薄の馬が1頭でも激走してくれていたら、府中牝馬Sの⑮ノボリディアーナも頭からガツンガツンと買っていただろう。そうすれば、3200円の単勝、770円の複勝、さらに1番人気④スマートレイアーとの馬連6590円は楽勝でゲットしていたはずである。3着の⑰カフェブリリアントは5番人気の馬なので、この馬を買うことも不可能ではないから、⑮ノボリディアーナさえ信じれば、16万3830円の3連単もゲットしていたに違いない。しかし先週も返し馬作戦は不発で、この日も朝からずっと不発では、信じられない。外国人騎手は強い返し馬をほとんどしないので、おや、ルメールにしては珍しいなと思ったのだが、こんなの気のせいだと無視したのが痛恨。

いちばん困るのがそうして迎えた東京最終レースである。この返し馬で、⑨オーネットサクセスの返し馬がよかったのだ。超ぴかぴかというほどではないが、線の長さはさきほどの⑮ノボリディアーナと同じ。ということはこの⑨オーネットサクセスも来るということだ！　返し馬作戦は先週からずっと不発であるのに、たった1頭激走しただけでこれまでの不発をすべて忘れてしまった。ノボリディアーナの分まで買っちゃえ、と何もそんなに買うこともないのに、単複に馬連、3連単と購入して、さあどこからでも来い、と万全の構え。その⑨オーネットサクセス、スタートと同時にぽんと飛び出して、そうか、逃げ切るのか、だったら相手は人気薄のほうがいいな、このレースの上位人気馬はどれも後ろから行く馬ばかりだから、前を行った人気薄ばかりが上位を独占したりして、そうなったら大変だぞ、もっとどかんどかんと突っ込めばよかったと思索は長いが結果は早く、4コーナーまでは先頭だったものの、後続馬にどっと迫ってこられてアウト。冷静に考えれば、9番人気で5着なら健闘したほうだろうが、私は呆然。どうしてこんなに買っちゃったんだろうなあとタブレットの電源を静かに切ったのである。

京都ライオンのやきそばはおいしい

昔からずっと、競馬場でアルコールは飲まなかった。酒を飲んでしまうと緊張の糸がぷつんと切れてしまうような気がしたからだ。ちなみに最近ではめったに打たないが卓を囲むときもアルコールは口にしなかった。ところが最近、競馬場で生ビールを飲むのが楽しみになっている。いいじゃん楽しいほうが。私、新馬戦を買わないので、昼前後が暇である。そのあたりに少頭数のレースがあったりすると買うレースがもっと少なくなるからおそろしく暇だ。最近は買うレースを減らしていることもあり、たとえば10月24日の例でいうと、午前中に買うのは東京1R、新潟3R、京都3Rのみ。そのあとの東京3Rから京都7Rまで、12レース連続でケン。時刻にすると11時15分から13時25分まで、その間2時間、することがまったくない。こういうときに生ビールを飲むのだ。つまみも買ってきて、ちょっと早い昼食のつもりで飲み始めると、気持ちがよくなってきてついうとうとしてしまうのもいい。歓声にはっと目が覚めて顔を上げると、新馬戦のゴール直前の攻防だったりする。

みんな、楽しそうだなあと思うとこちらも楽しくなってくる。

ところで東京競馬場の生ビールは５８０円。この量が私にはちょっと多い。夕方の酒宴ならともかく、昼に競馬場で飲む酒にしては量がありすぎて、どうもと思っていたが、京都競馬場に行ったら「小カップ３３０円」というのが売っていた。ちなみに大カップは５３０円（東京競馬場より50円安い）。場内を歩いて探索してみたが、すべての売店で「小カップ３３０円」を売っているわけではなく、一部の売店のみ。土曜にその「小カップ３３０円」を飲んでみたが、「大」はちょっと量が多いものの、「小」となると今度は量が物足りない。わがままなやつで本当に申し訳ないが、そういう実感なんだから仕方がない。ところが、「小」を飲んだあとで気がついたのだが、なんと京都競馬場には「中カップ４３０円」というのがあるのだ。これはほんの一部の店で販売しているのみで、「小」を売っている売店よりも数は少ない。土曜は先に「小」を飲んでしまったので、「中」は日曜にしようと思った。昼にビールを飲み、３時ごろにハイボールか酎ハイを飲むというのが私の最近の楽しみなのである。ビール＋ビールというよりは、ビール＋ハイボールのほうがいい。注意をようするのは、このハイボールは売店によってウイスキーの量が異なることで、これ本当にウイスキーが入っているのかと思うほど薄いやつもあったりする。どこの競馬場のどの売店かは書かないけどね。

で、日曜は「中」を飲むぞと昼に下に降りてみたが、あれれれ、「中」を売っているのはどこの売店だったのか、それが見当たらないのだ。土曜に私が見つけた「中カップ」販売所は、2階か3階か4階、ある階になぜか集中していたが（その階で3〜4軒は見たような気がする）、いくら場内を歩いても遭遇しない。諦めて日曜も「小」にしてしまったので、「中」が私に最適の量であったのかどうか、ついに未確認のまま帰京することになった。来年までの宿題にしておこう。

今週はオサムと京都競馬場に出撃したのだが、土曜の始発で東京をたった私が先に京都競馬場に到着し、あとから来るオサムを待っている間、「京都レースコース・インフォメーション」というチラシを見ていたら、「指定席のご案内」という欄に小さく、本年より、当日発売の指定席数が大幅に減っておりますのでご注意ください」と書いてあるのが目に留まった。問題は、昨年までの販売数が書いてないことで（私も覚えていない）、どのくらい減ったのかがわからないことだ。大幅、というのだから、10や20ではない。私はもう20年間、菊花賞ウイークに西下しているのでだいたいの満席時間は推測できる。その年の出走馬によって満席時刻は変わってくるが、それを推理するのも楽しいのだ。しかし指定席の数が変わるとなると、その推理も難易度が高まる。こういうことがあると、俄然やる気が湧いてくる。京都競馬場から挑戦されたような気がしてくるのだ。結局私らの予想はぴたりと的中して、希望に近い指定席を確保することが出来た。

当日指定をゲットする推理だけはこのように自信があるのだが、問題は当たり馬券をどこで売っているのか皆目わからないことで、今年も惨敗。マヤノトップガンが勝った平成7年に初めて菊花賞をナマで見てから今年で21年連続の西下になるが、その平成7年に的中したのが唯一の例外で、これで20年連続の不的中となった。いつものライオンでグラスを傾けながらオサム（彼も惨敗）と反省会を開いたが、2人とも負けただけに盛り上がらない。今回の京都遠征の収穫は、京都競馬場には中カップがあること、当日指定の満席時刻が例年より早まったこと、ライオンの焼きそばは意外にうまいこと――この3つだ！

レース間隔の問題

4回東京8日目は、久々にシゲ坊と東京競馬場に出撃した。毎週全レースの予想を送ってくるほどシゲ坊は競馬一筋の青年だが、競馬場にくるのは春のNHKマイル以来だという。もちろん馬券は毎週買っているようだが、ナマ競馬は半年ぶりということだ。本当は9月に中山へ一緒に行く予定だったのだが、私の都合で直前にキャンセル。いやあ、あのときは本当にすまなかった。そうか、会ったらそのときのことを謝るつもりでいたのだが、それを忘れていたことに、たったいま気がついた。シゲ坊、あのときはごめんね。

この日は午前中に面白そうな複ころ候補が何頭もいたから、さあどれにしようかと考えているだけで楽しい。レースの発走順で言うと、まず京都1R（2歳未勝利のダート1400m戦）の③クリノセゴビアと⑦ツースターク。前者はゼンノロブロイ産駒、後者はキンシャサノキセキ産駒。ともにここが初ダートの一戦である。このどちらかを買いたいのだが（複オッズはどちらも4倍強、なかなか絞れず頭が痛い。これに比べて、すっきりくっきりなのが東京1R。2歳未勝利のダート1600m戦だが、私の狙いは⑯シトラスクーラー。ゼンノロブロイ産駒の初ダートだ。こちらは候補が1頭だけなので話が早い。前走の芝の新馬戦だが、終始後方ままの15着。競馬エイトの調教師のコメントには、「初戦はダート戦を除外されて芝へ。本来、ダート適性が高いと思っていた馬。上積みはあるし、期待していますよ」とあり、厩舎◎だ。4ヵ月の休み明けというのもいいし、府中のダート1600mで大外を引いたのもプラス。これを買わなくて何を買うのか。次が福島2R（2歳未勝利の芝1800m戦）の①プールアンレーヴ。午前中の最後が京都2R（2歳未勝利のダート1800m戦）の①スナークレッド。これはヴァーミリアン産駒の初ダートである。

という4レースが対象なのだが、問題は各レースの発走時間が近すぎること。京都1Rが10時、東京1Rが10時10分、福島2Rが10時20分、京都2Rが10時30分。なんと10分間隔で4レースが連なっているのだ。この4レースを転がしていくことは可能なんだろうか。いつもなら2回続けて的中したら複ころはその時点で終了なのだが（WIN5の資金を作るのが目的なので1万ちょっとを達成できればそれで十分なのだ）、この日は妙に自信があって、4レース全部を転がしてもいいいと思っていた。そんなにうまい話はないかもしれないが、いやあ、あるかもしれないぞ、とひそかに考えていたのである。もっとも最初の京都1Rでいきなり失敗したから、世の中はそう甘くはない。候補が2頭いて迷ったこのレースでは、結局キンシャサノキセキ産駒の⑦ツースタークを選んでしまったが、私の捨てた③クリノセゴビア（9番人気）が2着に激走して、3着馬が11番人気だったこともあり、その複がなんと970円。おいおい。後悔する間もなく発走した東京2Rは自信の⑯シトラスクーラー（6番人気）が2着してその複が410円。これはヒットしたが、京都1Rでもしも③クリノセゴビアを選び、その配当をこの東京2Rの⑯シトラスクーラーに入れていれば、配当は4万弱になっていたことになる。

しかしそれが実際には無理だと判明したのが、3発目の福島2Rを買おうとしたときだ。①プールアンレーヴの複勝を買いたいのだが、東京2Rの⑯シトラスクーラーの複配当が発表されないのである。それが410円とわかったのはもっとあとのことで、①プールアンレーヴの複勝を買うときにはわかっていなかった。ということは、たとえ京都1Rで③クリノセゴビアを買ったとしてもその全額を東京1Rに入れることは不可能だったろう。

「こういうときはどうしたらいいと思う？」とシゲ坊にきくと、「じゃあ、5000円くらい入れておけばいいじゃないですか」と即答。仕方ないよなと5000円作戦に切り換えたが、その福島2Rが惜しかった。番手先行の①プールアンレーヴ（5番人気）の鞍上の手が激しく動き、ああこれではだめだと思って見ていたら、これがなかなかガッツのある

3回福島初日　2R　2歳未勝利

着順	予想	枠番	馬番	馬名	性齢	斤量	騎手	タイム	着差	通過順	上り	人気	単勝オッズ	体重	増減	厩舎
1		❷	④	ペイシャマリヤ	牝2	54	丸田恭	1.48.6		6-7-7中	34.9	⑥	13.4	440	−2	南松永康
2		❶	②	クリノサンスーシ	牝2	52	義　英	1.48.7	¾	9-11-11内	34.7	⑧	18.3	442	+2	栗大根田裕
3	△	❻	⑪	キャニオンロード	牡2	55	丸山元	1.48.7	首	3-2-2中	35.4	②	5.0	466	−4	南古賀慎
4	▲	❶	①	プールアンレーヴ	牡2	55	丹内祐	1.48.8	首	3-4-5内	35.3	⑤	11.6	468	+2	北鹿戸雄
5	◎	❼	⑬	アポロオスカー	牝2	54	吉田隼	1.48.8	首	2-2-2中	35.5	①	2.5	432	−4	北岩戸孝
6	△	❸	⑤	リップルトウショウ	牝2	51	加藤祥	1.48.9	½	3-4-5中	35.4	④	8.9	436	−6	南武井亮
7	○	❽	⑯	ジスターキ	牝2	54	石橋脩	1.49.2	1¾	9-4-2外	35.8	⑦	14.5	454	−2	南田村康
8	△	❺	⑩	ラチェット	牝2	54	津村明	1.49.2	首	9-11-11外	35.2	⑪	61.9	448	+16	北和田雄
9		❸	⑥	ヤマノスプリンター	牝2	52	城戸義	1.49.2	頭	6-7-7外	35.5	⑮	258.0	456	+2	南伊藤伸
10		❷	③	スリーミュージアム	牡2	55	的場勇	1.49.3	首	12-13-13外	34.9	⑩	35.2	416	0	北柄崎孝
11	▲	❻	⑫	パステルモーブ	牝2	54	嶋田純	1.49.5	1¼	1-1-①内	36.3	③	6.5	444	0	北手塚貴
12		❹	⑦	ニシノジェニー	牝2	51	井上敏	1.49.6	½	⑯-15-14中	34.8	⑭	221.1	430	−4	南武井亮
13		❺	⑨	ジュンハングリー	牝2	51	木幡初	1.49.8	1¼	14-14-14内	35.2	⑬	172.5	400	0	南勢司和
14		❼	⑭	ヒットマン	牡2	55	横山和	1.50.7	5	6-7-7中	37.1	⑨	33.4	454	−4	北土田稔
15		❽	⑮	カシノアーニング	牡2	55	二本柳壮	1.50.9	1	⑫-7-7外	37.3	⑯	293.9	448	+2	南二本柳一
16		❹	⑧	マイアイティアラ	牝2	54	田中博	1.51.6	4	15-16-16内	36.3	⑫	80.1	444	0	栗今野貞

単④1340円　複④540円　②570円　⑪240円
馬連②—④8700円㉜　枠連❶—❷3300円⑫
馬単④—②15750円㊼　３連複②④⑪23760円㊻
３連単④②⑪166960円494
ワイド②—④2560円㉛　④—⑪1700円⑳　②—⑪2620円㉝

馬で、インをふたたび伸びて一瞬は2番手に上がったのである。ところがよしと思う間もなく、外から④ペイシャマリヤ（6番人気）、内から②クリノサンスーシ（8番人気）が差してきて、私の①プールアンレーヴは4着に落ちてしまった。

そのとき、「丸田丸田、マルタマルタ、まるたまるた」と叫び、続けて「義義義、ヨシヨシヨシ、ＹＯＳＨＩＹＯＳＨＩＹＯＳＨＩ！」と連呼したのはシゲ坊だ。④が1着、②が2着の馬連8700円と、3着が⑪キャニオンロード（2番人気）の3連複2万3760円を、シゲ坊はゲット。私は4着でスカだから、まったく対照的である。しかも気落ちしてケンした京都2Rで、私の狙っていた①スナークレッド（5番人気で単勝1790円、複勝300円）が勝つのだから皮肉。ああ、もうダメだ。

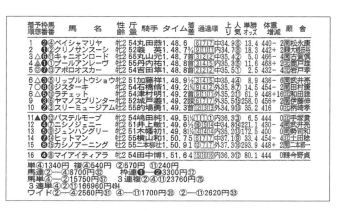

1着を固定して、2～3着に5～6頭を置く3連単フォーメーションを買うのはどうか。突然そうひらめいた。1着を固定すれば、ヒモ5頭で20点、6頭で30点。つまり単勝を2000円か3000円買うつもりで3連単を買えばいいのだ。どうしてそんなことを考えたのかというと、5回東京2日目の1R（2歳未勝利の芝1400m戦）のパドックで、⑥ナイトインブラックの気配がぴかぴかだったのだ。

この馬は1番人気で、その単オッズは2・5倍。しょせんは素人のパドック診断だからアテには出来ないが（なにしろ、秋の天皇賞のパドックでサトノクラウンの出来がいちばんよく見えたのである！）、何度見ても素晴らしい。しかしこんな人気馬から馬連を買ってもなあ、と悩んでいたときに、ぴかっとひらめいた。だったら単勝を買ったつもりで、3連単の1着固定馬券を買えばいい。単勝よりは絶対に配当がいいはずだ。相手が抜けてスカを食らう可能性はあるが、ギャンブルに危険はつきものだ。それに2番人気の⑪キングドラゴンと、３番人気の⑨レイホーロイスがパドックでずっとチャカついていて、こういう馬がレースで来ることも少なくないが、かなり怪しいのである。パドックを見るときにチャカつき1回につき、競馬新聞にバツを１コつけて、それが３コ重なった馬は買わないというのがマイルールだが、⑪は４コ、⑨は３コついた。この２頭が本当に飛ぶかどうかはわからないが、消すことが出来れば相手もかなり絞られる。結局、ヒモに選んだのは内から順に、②テンプルツリー、⑦アーマンディ、⑩ジュンレンパ、⑫マツリダインゴット、⑭ニューゴーカイオーの５頭だ。人気は順に、４、６、９、５、７番人気である。⑥ナイトインブラックを１着に固定し、そのヒモ５頭を２〜３着に置いた３連単フォーメーションを買ってみた。

ゴール２００m前の時点では取ったと思った。競馬って簡単じゃん。一瞬、そう思ったことも正直に書いておく。レースは⑥の圧勝で、問題は２〜３着争いだが、迷ってやめた①メイスンスパートが２着に差してきたからがっかり。３着は⑦だったから、この①さえヒモに拾っていれば２万９８５０円の３連単は的中していたことになる。私は7番人気と９番人気の馬を拾っているから、この8番人気の馬を拾えないことはない。ヒモを5頭に絞らず6頭にすればよかったのだ。そうして30点にしておけば、この約３万円の３連単は楽勝だった。

外れたけれど、面白かったのでこの日は、3連単1着固定作戦を馬券作戦に組み入れてみた。注意しなければいけないのは、1番人気馬だから1着に固定する、ということではない。パドックの気配とかデータなどでこの馬が1着にくる姿がありありと見えるという確信があるときに初めて作戦出動ということだ。パドックを見ていて、すごい出来だなと感心することがたまにあり、急いでオッズを見ると、なんだよ1番人気なのかよ、ということがよくあるが（この日の東京1Rがそうだ）、これまではそういうときに買うのをやめていたけれど、3連単1着固定作戦が出動するのはそんなときである。全レースで3連単の1着固定する馬券を無理やり買うのではなく、そういう「感心のとき」を待つのだ。経験でいえば、こういうケースは1日に1～2回くらいしかない。たとえばこの日の東京6R、3歳上500万下のダート1400m戦だが、1番人気の⑤ナンゴクロマンスで堅いように思える。しかしパドックを見ても1Rのときのように感心はしないから、とても1着固定作戦は出動しづらい。そこでプリサイスエンド産駒の⑬アミーキティア（3番人気）が初ダートなので、この馬の複勝に3000円入れてみた。1着固定作戦が出動しないなら、複勝作戦だ。

その⑬アミーキティア、4コーナーで馬なり3番手。直線を向くとなんと先頭に躍り出るから、おお、やばい。この馬が1着なら、こっちの1着固定作戦を買えばよかったことになる。それは悲しくなるからやめてくれ。そこに差してきたのが⑤。ええい、差しちゃえ。⑬アミーキティアはその⑤にきっちり差されて2着。おお、よかった。と思ったが、ちょっと待ってくれ。⑤が1着？　だったら⑤ナンゴクロマンスを1着に固定して3連単馬券を買っていれば的中していたではないか。最初にちらっと思ったのだが、パドックで感心したわけではないしなとやめたことが悔やまれる。3着の9番人気⑦パンプルムースもヒモに拾う予定であったから、この3万円の3連単は楽勝だった。私が手にしたのは、⑬アミーキティアの複勝280円×3000円だけだが、それを直後の東京7Rの⑪オペラハット（6番人気で3着）に入れて2万円になったのでこの日のWIN5資金作りは目標達成。もっともよかったのはそれだけで、あとはずるずると負けて終わってみると全治1ヵ月。9月の頭からもう2ヵ月、ずっと負け続けだ。この2ヵ月間でプラスになった週が一度もないぞ！

自宅競馬の長所

それにしてもひどい。8月の最終週にプラスになったのを最後に、連続10週間ずっとマイナスが続いている。3日間開催が途中で2回あったので、10週間22日連続マイナスだ。しかも9月はまだマイナスの額が少なかったが、10月は負け額のケタが違うから、もう取り返しのつかないことになっている。どうしてそんなことになったのかと言うと、取り返そうという気持ちがあったから、いけなかった。どかんどかんと入れて、あっという間にマイナスが膨れ上がったのである。取り戻そうとすると負けは倍に膨れ上がる、という名言をいましみじみと噛みしめている。

府中開催は毎年ひどい負けを食らうのだが、ではなぜ府中になると私は負けるのか。いや一年中負けているのだが、負け額が府中開催になると大きいのはなぜか。それは競馬場に行くからではないかと思う。最近中山に行くのは年に2～3回しかない。ところが府中は近いので毎週行く。競馬場に行くとどうなるか。気が大きくなるのだ。特に返し馬でぴかぴかの馬を見つけたりすると、落ちている金をお前は拾わないのか、と悪魔が耳元で囁いてくる。そんなの気のせいだと冷静な私が囁いたりもするけれど、沸騰した私を止めることはなかなか難しい。お前は何のために競馬場に来ているのだ。博打《ばくち》のためではないのか。ギャンブルにリスクはつきものだ。それが嫌なら郵便貯金でもしていればいい。そういうふうに沸騰した私が叱ると、冷静で大人の私は「すみません」と退散してしまうのである。

これが自宅でＰＡＴ投票なら、そもそも競馬に集中できない。ピンポンと宅配便はくるし、電話もかかってくる。雨が降ったら洗濯物を取り込んでおいてね、とかみさんに言われるし、腹が減ったなあと思えば冷蔵庫に何かしら入っているから、なににしようと迷いだすときりがない。競馬に集中できないということは、どかんと突っ込むようなこともしないということだ。よおし、今週からしばらく競馬場に行かないことにしよう。大好きな府中開催は年内まだ3週も残っているのだが、行っちゃうとまたバカなことをしそうなので、厳禁。というわけで用もないのに競馬場に行かず自宅でＰＡＴ投票した5回東京3日目は、東京の最終レースで3連単（1万３７０円）を５００円仕留めて、なんと逆転プラス。もっともプラスの額は８０００円というから、チャラにひとしい。それでもプラスになるのは何万年ぶりかと思うと、しみじみと嬉しい。

5回京都4日　8R　3歳上1000万下

着順	予想	枠番	馬番	馬名	性齢	斤量	騎手	タイム	着差	通過順	上り	人気	単勝オッズ	体重増減	厩舎
1	○	❼	⑪	トップディーヴォ	牡3	55	四位洋	1.49.3		⑫[8][3]	外36.7	①	2.2	484+4	栗東昆貢
2		❼	⑫	ピグマリオン	騸6	57	シュタル	1.49.4	½	[6][5][3]	中37.2	⑨	41.0	456−3	北加藤征
3		❻	⑩	モズスター	牡4	57	国分優	1.49.4	鼻	[4][2][2]	中37.5	⑥	15.8	494 0	栗東南井克
4	△	❽	⑭	トラキチシャチョウ	牡4	57	和田竜	1.49.9	3	[10][8][5]	中37.4	③	7.4	504+10	栗東目野哲
5	△	❹	⑥	タガノクレイオス	牡3	55	岩田康	1.50.2	2	[3][2][1]	内38.4	⑤	14.5	504+18	栗東加用正
6	◎	❺	⑦	ビートゴーズオン	牝4	55	浜中俊	1.50.4	1¼	⑩[13][13]	外37.1	⑪	43.9	466 0	栗東鮫島一
7		❷	②	オルナ	牡3	55	小牧太	1.50.4	首	[5][6][7]	内38.2	④	10.9	514+2	栗東岡田稲
8		❹	⑤	ロンギングエース	牡5	57	川島信	1.51.0	3½	⑬[12][11]	外37.9	⑦	26.5	504 0	南勢司和
9	▲	❶	①	ボルドネス	牡3	55	ムーア	1.51.3	2	[7][11][11]	中38.6	②	3.5	494−2	南大竹正
10		❽	⑬	タンスチョキン	牝5	54	岩崎翼	1.51.5	1¼	[9][6][6]	中39.1	⑭	142.7	486−4	栗東谷潔
11		❺	⑧	エクセルフラッグ	牡8	57	竹之下智	1.51.7	1¼	⑭[14][14]	内36.6	⑬	121.5	526+8	栗東千田輝
12		❸	③	タガノギャラクシー	牡5	57	鮫島良	1.52.0	1¾	[7][8][9]	中39.5	⑫	118.0	540+14	栗東庄野靖
13	△	❻	⑨	タマモリド	牝4	55	太宰啓	1.53.0	6	[2][2][9]	中41.1	⑧	33.4	496+2	栗東高橋亮
14	△	❸	④	ヒルノデンハーグ	牡3	55	酒井学	1.55.0	大	[1][1][7]	内43.6	⑩	43.0	470−8	栗東昆貢

単⑪220円　複⑪120円　⑫630円　⑩360円　　ブリンカー＝⑤④
馬連⑪—⑫3470円⑪　　枠連❼—❼3270円⑪
馬単⑪—⑫4640円⑮　　3連複⑩⑪⑫13290円㊴
3連単⑪⑫⑩52560円158
ワイド⑪—⑫1120円⑪　⑩—⑪780円⑦　⑩—⑫5050円㊸

で、迎えた翌日のハイライトは京都8R。3歳上1000万下のダート1800m戦だが、1番人気⑪トップディーヴォで堅いような気がする。パドックでおやっと思ったのは⑫ピグマリオン（9番人気）で、最初はこの2頭の馬連とワイドを各1000円買おうと思った。2000円なら捨ててもいい。しかし、待てよと思った。ここは3連単1着固定作戦の出番ではないか。1番人気の⑪トップディーヴォを1着に固定し、穴馬の⑫ピグマリオンを2着と3着に置いて、総流しという3連単はどうか。各100円なら合計2400円だ。いやいや、1番人気の⑪トップディーヴォを1着に固定するのは同じでも、ヒモは5頭にして、その5頭を2〜3着に置くフォーメーションはどうか。これなら各100円で総額は2000円だ。ヒモ5頭は、内から順に、①ボルドネス（2番人気）、②オルナ（4番人気）、⑨タマモリド（8番人気）、⑩

モズスター（6番人気）、⑫ピグマリオン（9番人気）。この場合、3番人気の⑭トラキチシャチョウと、5番人気の⑥タガノクレイオスを切っているのがキモ。前者はパドックでのチャカつきが気になり、後者は休み明けでプラス18キロの馬体がいやだ。迷ったのは10番人気の④ヒルノデンハーグ。昇級してから2戦ぼろ負けだが、先行する馬だけにクラス慣れしてくれば怖い。6頭にしても10点増えるだけだし、足しちゃおうかとも思ったが、えいっと我慢してヒモは5頭で購入。

いやあ、面白かったなあ。最後の直線で3頭が叩き合ったのである。内から⑩モズスター、⑫ピグマリオン、⑪トップディーヴォの3頭だ。⑪が1着にならなければ私の馬券は当たらない。だからテレビに向かって「差せ差せ差せ差せ」「四位四位四位」と叫ぶ。競馬場にいたら1番人気の馬に声援を送るなど出来ないが、これが自宅競馬の良さだ。永遠の時間のような気がしたが、⑪が2頭を差したところがゴール。2着はハナ差で⑫だった。その3連単は5万2560円だったが、⑪⑫の馬連が3470円、ワイドが1120円なので、3連単ではなく馬連&ワイドでも配当はほぼ同じ。それにもしも⑪→①→②だったら3連単の配当はたった34倍。そんな馬券を買っているとは知らなかった。この馬券作戦、まだまだ検討の余地がある。勝ち分をその後のレースに全部入れたので終わってみたら日曜はチャラ。土曜の浮きだけが残った。ということは、おお、11週目にして久々のプラスだ！

夢を見た日

夢を見た。知人のAさんから電話があり、土曜に行けることになったというのだ。何時にどこへ行けばいいの、と言う。いまAさんと表記したのは、それがいったい誰だったのか、具体的な名前がわからないからだ。夢の中ではもちろん名前はわかっていたのだが、目が覚めてみると、いったい誰なのかがわからない。目が覚めた途端に、すとんと記憶が飛んでしまった。西船橋のタクシー乗り場に8時半かなあ。でも乗り合いタクシーはもうなくなったから普通のタクシー乗り場ね、と言ってから電話を切ったが、すぐに不思議に思った。私、Aさんを競馬に誘った記憶がないのだ。ちょっと待てよ、いまから1人増えちゃって指定席の数は大丈夫なのか。1人減るというキャンセルは出来ても増やすことが出来るのか。出来ないよなあ。府中なら一般席でもかまわないが中山の一般席ではやりたくない。ええと、その日はそもそも何人なのか。Bさん、Cさん、Dさんと私以外に3人だったような気がするから、そこにAさんが加われば総勢5人になり、一般席の予約は4人までだから、これは無理だ。待てよ、そもそも指定席を予約したのか、予約していないような気がする。そうか、中山の場合は、キングシートに入るのが通例だから、当日でいいのか。そうかそうか、たぶん予約は最初からしていないから突然人数が増えてもいいんだ。しかし人数が奇数になると、1人が半端になり、指定席の並び順をどうするのか決めておかなければならない。ええとええと――というところで目が覚めた。

土曜の夜は3時間しか寝ていないというのに、その短い間でも夢を見るのが不思議。昔は4人掛け、5人掛けという指定席があったから、並び順を決めるのが大変であった。基本的には仲のいい人を横にするのだが、5人掛けの真ん中の席は出入りが不自由なので、誰にするかいつも頭を痛めた。最近の2人掛けでも、人数が奇数になると1人はどこかの知らないおやじの隣に座らなければならないから、その人を決めるのに決断を要する。昔で言えば大声の宮部、最近ではオサム。こういうやつがいるととても楽だ。おれが真ん中でいいよ、ぼくが1人でいいですよ、と彼らは言ってくれるから幹事としては助かるのである。最近は1人で行くことが多く、遠征のときもいつもの連中だから、だいたい並び順は決まっているので、そんなに苦労することはない。にもかかわらず、いまでも時折こうして夢に見るということは、昔のことがまだどこかに残っているからだろう。ま、いいんだけどね。

そうして目が覚めた日曜の勝負レースは、京都12Rの先斗町特別。3歳上1000万下のダート1200m戦だが、私の本命は②シャラク。夜中に目が覚めて真っ先に調べたのはその単複だ。えっ、と思ったのは意外に人気を集めていて、なんと2番人気。しかし朝になり、やがて昼になると、4～5番人気に落ちついた（最終的には6番人気）。前走は新潟の妙高特別（ダート1200m）で、逃げて1馬身差の3着。その逃げ馬が内枠を引いたのだ。ここは狙いどころだろう。競馬エイトの「3ポイントデータ」でも「前走で復調の兆し。参考4鞍のうち、500キロ以上の大型馬が3勝しているのも強調材料」とある。あとはどういう馬券を買うかだ。3連複だけでは大儲けを逃がすような気がするので（落ちている金を拾わないのか！）、ここは3連単も買うべきか。しかも1着固定を買っちゃうか。いやあ、どきどきするなあ。こうやってあれこれ考えている時間が楽しい。

日曜日はWIN5もあるから、夜中の3時半に起きても結構忙しい。しかし勝負レースが最終レースとは、おそろしく暇である。やることがないのだ。それまでにあまり負けちゃうと、純粋な勝負が出来なくなる。取り戻すための馬券になってしまうから、最終レースがくるまではおとなしくしなければならない。そう自分に言い聞かすから暇で暇で、ついつい睡魔が襲ってくる。はっと目が覚めたとき、私、勘違いした。京都10R観月橋Sだと思ってしまった。このレースで指名したのは⑦フォローハートと⑨ミヤジタイガの2頭。テレビではもう全馬が走っている。ええと、おれの2頭はどこにいるの？　探している間に3コーナーにさしかかり、1頭は中団、1頭は後方にいることがわかった。えっ、先行馬なのにどうしてそんな後ろにいるの？

スタートを見ていなかったのだが、もしかしたら出遅れたのか。ちょっと待て、どうして芝コースなの？　しかも左回りってなぜ？　そこでようやくテレビに映っているのが京都10R観月橋Sではなく、東京10RユートピアSだとわかった。3番人気の⑥レッドセシリアが勝ってドボン。ふーん。こんな日に勝負レースが当たるわけがない。ええと、②シャラクは11着？　しかもどういうわけかおとなしくしていたはずなのに、終わってみると全治1ヵ月。いつの間にこんなに負けたんだ！　全然おとなしくないぞ！

ジャパンCに向かって走れ

ジャパンカップの日だというのに仕事が入り、仕方ねえなあと日曜日に出かけた。もちろん午前中に馬券は買ったのだが、やはりレースを見たい。仕事は2時に終わる予定なので、急げばジャパンカップの発走までに帰宅できるだろう。ところが慣れない土地に出かけたものだから、帰りに道に迷ってしまった。行けども行けども駅が見えてこないのだ。こういうときに限って誰も歩いていないから尋ねることも出来ない。結局15分のロス。これではぎりぎりか。いや発走には間に合うのだが、出来ればパドックの段階から見たかったのだ。それがぎりぎり。電車に乗りながら、焦る気持ちを抑え、前日のことを思い出していた。

土曜はまず、東京5Rの新馬戦で、⑪フィビュラ（三浦騎乗で3番人気）の複勝を3000円買ったのである。基本的に新馬戦は買わない主義なのだが、この日は午前中にほとんど馬券を買っていない。あれこれ考えたのだが難しく、勝負は後半だとじっと我慢。

しかし我慢にも限界があり、午後一発目の5Rのパドックでちょっとよく見えた⑪フィビュラの複勝をふらふらと買ってしまった。するとこの馬が1着で、その複勝が190円。おお、単勝を買えばよかったぜ。問題は次の6Rの新馬戦だった。このパドックでもまた三浦騎乗の⑯タイセイスペリオルがよく見えたのである。今度は6番人気だ。この馬の複勝に5800円入れればいいのに、次は京都だなと京都6R（ダート1400mの2歳新馬戦）の⑤チチェルキア（4番人気）の複に、5800円を入れてしまった。この馬もパドックで気配がよかった馬だ。この選択が間違いであった。というのは、東京6Rの⑯タイセイスペリオルが1着だったのに比べ、京都6Rの⑤チチェルキアは4着（！）だったからだ。しかも東京6Rは2～3着が、15番人気と8番人気馬だったので（だから3連単は273万だ）、⑯タイセイスペリオルの複勝は450円。ここに5800円を入れておけば総額2万6100円になっていたことになる。つまり失敗したという話なのだが、WIN5の資金作りのためでなくても、複勝2～3回限定転がしは面白い。特に午前中から午後いちばんあたりまでは、最近馬券を買うことが少ないので、暇で仕方がない。そんなときはWIN5の資金作りとは関係なく、これからも2～3回限定の複勝転がしをやってみたい。日曜日は、WIN5の資金作りというテーマがあるので、当然ながら午前中から2～3回限定の複勝ころがしをやっているが、土曜日もこれからはやろうということである。

これまで土曜の午前中は強引に3連複を買ってみたりしていたが、無理やり選んでも当たるわけがない。複数の馬を当てるのはいまの私には困難である。その点、複勝なら1頭の馬を選びだすだけでいいのだ。こちらのほうが、遙かにリアルと言っていい。

もうひとつ、土曜で面白かったのは、東京10R晩秋Sの馬連を仕留めたことだ。1着が⑦モズライジン（6番人気）、2着が⑫アポロケンタッキー（3番人気）で、その馬連が4520円。これをたった1点で仕留めたのである。実は勝負馬券は別にあり、そちらは3連複。ばらばら買ったあと、待てよ、もし馬連を1点だけ買うなら何にする？との角度で考えたときに、馬連⑦⑫が浮上したのである。このレース、昇級初戦馬が5頭いたのだが、そのうち3歳馬は⑦と⑫だけであった。というよりも出走馬の中で3歳馬はこの2頭のみ。だったら勢いにまかせて上のクラスも突破しちゃうのではないか。そう考えて馬連を1点だけ追加したのだが、まさか本当にそれで決まるとはびっくり。3着に14番人気の⑭セイカフォルテが突っ込んで、3連単は35万馬券となったが、こんなの取れるわけがない。馬連がせいぜいだ。がつんと勝負した馬券が外れ（どの馬を軸にして勝負したのかは秘密だ）、思いつきで追加した馬連がヒットするとは複雑な気持ちになるが、実はどんな買い方でも当たると嬉しい。メインも最終も外れたので土曜はマイナスだったが、1本でも当たったのでなんだか気持ちも体も軽い。もちろん勝てばいちばんいいのだが、チョイ負けくらいで済めば、ただいまの私は十分だ。とにかくボウズだけは避けたい。というわけで土曜は負けたものの、結構面白い一日であった。

で、日曜はジャパンカップの馬券だけを買って外出したのである。高めで当たれば年間のマイナスを一気に取り戻すくらいの配当が見込める、という愉しみな買い方で、いやあ、ぞくぞくするなあ。駅に着いたのが3時少し前。急げばパドックにも間に合うだろう。⑪ミッキークイーンが勝って、あの馬とあの馬とあの馬が2～3着に来れば、特にあの馬が3着なら、面白いことになるよなあ。みんなにおごっちゃうな。今日は何を注文してもいいぜ、とかなんとか言ったりして。出来ればそこで時間が止まってほしかった。いま、しみじみとそう思うのである。

どうして買ってないの？

4回中京2日目の8R。3歳上500万下の芝1400m戦だが、直線を向いて⑰ダノンブライト（10番人気）が徐々に上がってくる。ここからもっと伸びてきて胸キュンになるか、それとも他馬と脚いろが同じになって「あ〜あ」となるかの分岐点だ。思わずテレビの前で立ち上がる。さあ、伸びてこい！

すると直線の半ばで外に出し、ぐんぐん伸びてきた。差せるか、全馬を差せるか。「差せ差せ差せ」「アッゼニアッゼニ！」とテレビに向かって叫ぶ。ぐんぐん伸びて内に並ぶ馬群を全部かわすが、先に抜け出した⑫ヴェルステルキングはどうやら脚いろを判断すると抜けそうにない。⑰ダノンブライトの1着固定馬券を買っているので、この馬が1着ならおいしいのだが、マルチ馬券も買っているので2着でもいい。じゃあ、3着はなんだと内の馬群を見ようとしたら外からピンク帽が飛んできて、その馬が3番手に上がったところがゴール。いまの3着はなんだ？　8枠の⑯も⑱もヒモに買っているからどちらでも当た

4回中京2日　8R　3歳上500万下

着順	予想	枠番	馬番	馬名	性齢	斤量	騎手	タイム	着差	通過順	上り	人気	単勝オッズ	体重増減	厩舎
1	◎	❻	⑫	ヴェルステルキング	牡3	56	ムーア	1.21.9		9 8 6	中34.1	①	4.9	486−2	栗東友道康
2		❽	⑰	ダノンブライト	牡3	56	アッゼニ	1.22.1	1½	9 8 9	外34.2	⑩	22.7	460+4	栗東大久保龍
3	△	❽	⑯	タガノスカイ	牝4	55	岩田康	1.22.2	½	11 10 12	外34.1	⑦	11.2	468−8	栗東浅見秀
4		❺	⑩	コスモラパン	牝4	55	津村明	1.22.2	首	2 2 2	中34.9	⑬	56.7	420+8	美南畠山吉
5	△	❽	⑱	ビットレート	牝3	54	ルメール	1.22.3	首	5 5 6	外34.6	⑤	8.9	458+4	栗東中内田充
6	○	❻	⑪	グレイトチャーター	牡3	56	田中博	1.22.5	1¼	5 5 3	中34.9	②	6.3	488+8	栗東鮫島一
7		❹	⑧	デビュタント	牝3	54	武豊	1.22.5	首	4 3 3	内35.0	④	7.7	452−4	栗東佐々木晶
8	▲	❹	⑦	ポップオーヴァー	牝3	54	Mデムー	1.22.5	頭	⑪ 12 10	中34.5	③	6.5	458−2	栗東吉村圭
9	△	❶	②	クラウンアイリス	牝4	55	秋山真	1.22.6	½	7 10 10	中34.6	⑥	11.2	400−6	栗東大根田裕
10	▲	❼	⑬	マーセラス	牡3	56	浜中俊	1.22.7	½	⑮ 13 13	中34.3	⑧	11.9	442+4	美南久保田貴
11		❸	⑤	メモリーデシジョン	騸3	56	荻野琢	1.22.7	鼻	⑪ 15 13	内34.4	⑭	72.4	474+6	栗東角田晃
12	△	❺	⑨	オースミチャド	牡4	57	幸英	1.22.8	½	7 7 6	内35.1	⑨	11.9	494+8	栗東松永昌
13		❼	⑭	ハコダテローズ	牝3	54	中谷雄	1.23.0	1½	2 3 3	中35.5	⑫	43.9	432+10	栗東岡田稲
14		❷	④	タカラジャンヌ	牝4	55	村田一	1.23.1	½	18 16 15	中34.5	⑪	35.0	430 0	美北藤原辰
15		❸	⑥	エイシンアリエル	牝3	54	和田竜	1.23.3	1¼	1 1 1	内36.1	⑮	73.4	486+12	栗東坂口則
16		❶	①	トスカニーニ	牡5	57	岡田祥	1.23.5	1¼	18 18 18	中34.6	⑰	235.8	456 0	栗東笹田和
17		❼	⑮	シニョリーナ	牝4	55	松山弘	1.23.5	首	15 13 15	外34.9	⑯	186.3	458+12	美北菊川正
18		❷	③	メイショウカイモン	騸4	57	古川吉	1.23.6	½	11 16 18	内34.8	⑱	361.1	472+4	美北小島太

単⑫490円　複⑫200円　⑰540円　⑯310円　　ブリンカー＝⑫⑥⑮
馬連⑫—⑰6610円㉜　　枠連❻—❽540円①
馬単⑫—⑰10270円㊾　３連複⑫⑯⑰20660円㊕
３連単⑫⑰⑯114210円459
ワイド⑫—⑰2360円㉟　⑫—⑯1240円⑪　⑯—⑰2970円㊹

りなのだが、その3着馬が⑯タガノスカイ（7番人気）であることがわかった。え、⑯なの？本当に3着は⑯なの？　こんなことがあっていいのか。本当に本当なのか。楽しいなあ競馬。

実はこのレースのパドックで、いちばん気配がよかったのが⑰ダノンブライトだった。あわてて新聞を見ると、前走は小倉の芝1200m戦でコンマ1秒差の4着、前々走もコンマ4秒差の5着。つまりたいして負けていない。それで10番人気とはおいしい。この出来で鞍上が外国人ジョッキーなら、なんとかなるのではないか。ここはでっかく狙って3連単を買いたい。というわけでこの馬を軸にして相手4頭の3連単マルチ。さらにこの馬を1着に固定してヒモを7頭にした3連単フォーメーション。さらに追加したのは、⑯タガノスカイを軸に、ヒモ4頭への3連単マルチ。実はこの馬もパドックの気配がよかったのだ。競馬エイトの本紙予想でもこの馬に▲を打っている。ただし、この馬の1着固定馬券はなし。本線はあくまでも10番人気の⑰ダノンブライトであり、7番人気の⑯タガノスカイはちょっと気になるので押さえただけ。最後は保険として枠連8８と7８を各1０００円追加。合計1万3４００円。8Rだというのに、こんなに買っちゃいけないのだが、もう我慢できなかった。本当は⑰ダノンブライトの単複も買いたかったのだが、金額が膨れるのでそれは我慢。つまり⑰ダノンブライトと⑯タガノスカイからの3連単マルチがどちらも当たったことになる。その3連単の配当は11万4２１０円。まあ、びっくりするほどの配当ではないが、私には嬉しいヒットだ。パドックで選んだ馬が2頭ともにくるとは実に珍しい。しかも10番人気と7番人気の2頭なのだ。こんな人気薄の馬が2頭ともにくるなんて数年に1回あるかないかである。まったく信じがたい。

しかし話はまだ終わらない。ＰＡＴの金額が増えないのでおかしいなと思って調べると1着の⑫ヴェルステルキングをヒモに買ってないのだ！　まったくわけがわからない。どうして1番人気を買ってないの？　20万がするりと手からこぼれ落ちたとき、人間はどんなことを思うと思いますか。呆然とするのだ。しかもこの日のドラマはまだ続きがある。中山の最終レース（3歳上1０００万下の芝2５００ｍ戦）で4番人気の⑨サトノレオパードから馬券を買ったのである。その⑨、2周目の3コーナーでは後方にいたのに徐々に位置を上げ、最後の直線では中団につけ、前が空くのをうかがい、ここぞというタイミングで馬群を割って伸びてきた。「ヨシトミヨシトミ！」「差せ差せ差せ」とテレビに向かって叫ぶときっちり全馬を差して1着。2着以下が大混戦だが、リプレイを見ると、2着は⑦ドラゴンズタイム、3着は⑬タケルラムセスだ。おお、2頭ともにヒモに買っている！つまり4番人気→10番人気→8番人気の決着である。その3連単の配当は、36万8370円。よおしとガッツポーズしようと思ったとき、不吉な予感がした。このレースで私は⑨サトノレオパードの1着固定馬券を買っただろうか。

まず、1番人気⑪ヴェラヴァルスターと⑨の2頭軸の3連単マルチを買ってから、次に⑨を1着に固定した3連単を買おうとしたのだが、2〜3着のヒモが8頭もいたので点数が多すぎるから内の馬は3着だけにつけよう、と思ったことは覚えている。しかしそのあと、その1着固定馬券を買っただろうか。いやだなあと調べてみたら、があ〜ん、2頭軸の3連単マルチは買っていたが、⑨を1着に固定した3連単は買っていない！どうしてだ。なぜ買ってないのだ。中京8Rとこの中山最終の両方をゲットすればなんとなんと60万弱！これだけ予想が当たることも珍しいが、こんな失敗も空前絶後だ。ただただ私、呆然としている。

久々の「後漸進」だ！

5回阪神4日目の12R高砂特別。3歳上1000万下のダート1400m戦だが、そのゴール前で「カツウラカツウラ！」と横のミー子が叫ぶ。そう叫びながら右手を前に突き出し、右から左に何度も振る。ようするに、早く前に行け、というしぐさで、これはミー子の癖である。前に突き出した手を左右に振るから、遠くから見ると踊っているようにも見える。そうだ、阿波踊りに似ている。初めて見た人はなにこれ、と奇異に思うかもしれないが、私は慣れているから驚かない。

この最終レースで勝浦が乗っているのは⑮ロードヴォルケーノで、どこにそんな馬がいるんだ、と思ったら、外から差してきていたんですね。⑩シャトーウインドが馬群を割って先頭に躍り出て、2番手は②サウススターマン。そこに外から⑮ロードヴォルケーノが差してきたわけだが、逃げた⑤キャプテンシップが最内で粘っていて、この3着争いがきわどい。ミー子の馬券を見ると、⑩⑮を2頭軸にして5点流しの3連複。だから⑮が3着

5回阪神4日　12R　高砂特別

着順	予想	枠番	馬番	馬名	性齢	斤量	騎手	タイム	着差	通過順	上り	人気	単勝オッズ	体重増減	厩舎
1	△	❺	⑩	シャトーウインド	牡5	57	アッゼニ	1.23.7		7 7 7	外36.2	⑪	43.4	470−2	栗東松下武
2	○	❶	②	サウススターマン	牡4	57	川田将	1.23.8	½	3 4 4	内36.4	③	4.0	494−2	栗東加用正
3	△	❸	⑤	キャプテンシップ	牡3	56	三浦皇	1.23.9	½	1 1 1	内36.8	⑦	17.6	508+4	栗東森　秀
3	△	❽	⑮	ロードヴォルケーノ	牡4	57	勝浦正	1.23.9	同	12 11 11	外35.8	⑥	17.2	484 0	栗東笹田和
5	▲	❷	④	リバーソウル	牡4	57	田辺裕	1.23.9	首	4 4 4	中36.5	④	10.4	458+4	栗東浅見秀
6		❶	①	ライオンズバイツ	牡5	57	横山典	1.24.0	½	8 8 8	内36.5	⑧	21.6	474+4	栗東浜田多
7	▲	❸	⑥	ラディカル	牡3	56	岩田康	1.24.1	½	11 11 11	内36.0	②	3.5	494−2	栗東大久保龍
8		❷	③	ワンダーフォルテ	牡7	57	水口優	1.24.4	2	⑯ 16 16	中35.9	⑯	279.3	504+4	栗東石橋守
9		❺	⑨	ローレルレジェンド	牡6	57	太宰啓	1.24.4	鼻	⑨ 9 8	中36.7	⑫	44.6	490+8	栗東吉村圭
10		❹	⑦	サクラテイオー	牡6	57	藤岡康	1.24.5	首	12 11 11	中36.4	⑬	128.7	494+2	栗東高橋康
11		❻	⑪	キーブランド	牡6	57	義　英	1.24.5	頭	9 9 10	中36.6	⑩	43.2	520+6	栗東宮　徹
12	◎	❼	⑬	アグネスエーデル	牡3	56	ルメール	1.24.5	首	1 2 2	中37.3	①	3.4	520−6	栗東小崎憲
13		❼	⑭	キングスクルーザー	牡5	57	藤懸貴	1.24.7	¾	4 4 4	中37.3	⑮	202.6	476+4	栗東平田修
14		❽	⑯	サトノアビリティ	牡5	57	四位洋	1.24.9	1¼	15 16 14	外36.6	⑤	15.8	524−2	栗東角居勝
15		❻	⑫	トウカイメリー	牝6	55	秋山真	1.25.2	1¾	⑭ 16 16	外36.8	⑭	160.0	450−8	栗東石橋守
16	△	❹	⑧	エンジェヌー	牝4	55	酒井学	1.25.9	4	4 3 2	中38.6	⑨	40.6	464−8	栗東岡田稲

単⑩4340円　複⑩580円　②150円　⑤370円　⑮280円
馬連②―⑩9080円㉙　枠連❶―❺3390円⑫
馬単⑩―②26660円㊼　３連複②⑤⑩18370円101　②⑩⑮20930円115
３連単⑩②⑤150460円685　⑩②⑮206110円832
ワイド②―⑩1510円㉚　⑤―⑩4840円㊾　⑩―⑮5100円㊶

に届いていなければ馬券は紙屑。届いていれば3連複がヒット、という局面だ。しかし、②サウススターマンが真ん中にいるので、内の⑤キャプテンシップと外の⑮ロードヴォルケーノのどちらの鼻が先にゴール板を通過したのかが見えにくい。リプレイを見てもわからないのだ。急いで調べると、もしも⑮ロードヴォルケーノが届いていれば3連複は400倍。「当たっていますように」と手を合わせて祈るミー子を見ると、私の馬券にはどちらでも全然関係ないのだが、私もまた、⑮ロードヴォルケーノが3着に届いていますように、と祈りたくなる。で、長い長い写真判定を待つことになった。

ところで、⑩シャトーウインドは11番人気、⑮ロードヴォルケーノは6番人気の馬だ。どうしてこの2頭を軸にしたのか、尋ねてみた。この答えがいかにもミー子らしい。まず⑮ロードヴォルケーノだが、「ほら、ここを見てください」とこの馬の前走成績を指さす。その前走は京都のダート戦で8番人気10着という結果だったが、競馬エイトの馬柱には3文字の短評がついている。「楽逃切」とか「先行退」とか「中伸る」という短評だ。で、⑮ロードヴォルケーノの前走には「後漸進」と短評がついている。おお、「後漸進」だ。ミー子得意の馬券術だ。

ミー子の「後漸進馬券術」についてては以前も書いたことがあるが、改めて書いておくと、きっかけは平成7年のマイルチャンピオンシップである。トロットサンダー、メイショウテゾロで決まって大万馬券になったレースだが、超人気薄のメイショウテゾロをどうすれば買えただろうとレースが終わってからもしつこくミー子は考えた。すると、前走だったか前々走だったか、その成績欄に「後漸進」という短評がついていることに気がついた。これがミー子の「後漸進馬券術」誕生の瞬間である。お断りしておくと、本当にそのためにメイショウテゾロが激走したのかどうかはわからない。この場合のポイントは、ミー子が「これに違いない」と発見し、確信したことである。条件は、5走以内に「後漸進」の短評がついていること（途中に3ヵ月以上の休みをはさむとリセットされる、というのはミー子が決めたマイルールである）、ただそれだけだ。ミー子はそれ以来、この「後漸進」を追いつづけているのだが、忘れたころに来るから今でもやめられない。私などは横でミー子が当てると、そうか、おれもやってみようと翌週は馬柱に「後漸進」の文字を探したりするが、しばらく来ないとこの馬券術を忘れてしまう。それにこの3文字短評を詳しく見ると、「後差詰」「後鋭伸」「後伸る」「直外伸」と、「後漸進」と似たような短評があって、どこがどう違うのかが素人にはわかりにくい。

久々にその「後漸進馬券術」がヒットしたわけだが（いや、写真判定の結果が出るまではわからないのだが）この⑮ロードヴォルケーノは6番人気の馬だから、「後漸進馬券術」でなくても軸馬の1頭に拾えたかもしれない。すごいのは軸馬のもう1頭である。⑩シャトーウインドはなんと11番人気の馬なのだ。なぜこの馬を軸馬に抜擢できたのか。「だってメインをルメールが勝ったじゃないですか。だったら今度はアッゼニだろうと」。⑩シャトーウインドの鞍上がアッゼニだったのである。この最終レースに乗っている外国人ジョッキーはルメールとアッゼニだけ。そのルメールはGIを勝ったのだから、もういらないと彼女は考えた。ミー子の返事を聞いてショックを受けたのは、私はルメール騎乗の1番人気⑬アグネスエーデルを軸の1頭にしていたからだ（なんと12着）。直前の阪神ジュベナイルフィリーズの結果を受けて、私とミー子は真逆に考えたということだ。私、全然センスがない。写真判定の結果は、3着は同着。そのために400倍の3連複は半分の200倍に減ってしまったが、紙屑になるよりは遙かにいい。200倍の3連複をたった5点でゲットするとは、ホントにうまい！

レース選択を間違えるな

12月20日のＷＩＮ５のポイントは、最後の朝日杯である。⑪エアスピネルが単勝1倍台のダントツ人気なので1頭指名にしたい誘惑にかられるが、万が一のことがあるので、⑮リオンディーズ（2番人気）との2頭指名にしたほうがいい。これがこの日の最大のポイントだ。まず最初にこの朝日杯を決め、そこから遡って決めていったが、最初の段階では２８８点。私はいつも１００点前後にしているので、これでは多すぎる。これまでの通例では、こういう日はやめることにしている。ずいぶん前に、最初に決めた２６６点にしておけば７００万くらいのＷＩＮ５が当たっていたことがあるが（そのときは無理やり１００点前後に絞って外してしまった！）、それは例外で、１００点を２００点に増やしたからといって当たるものではない。いつもなら、そうか２８８点か。じゃあやめよう、というケースである。でも年末なのである。巷《ちまた》では7億円の宝くじが発売されているのだ。一攫千金の夢は捨てがたい。で、ふらふらと、なんとか２４０点まで減らす努力はしたけれど、つい購入してしまった。いつもの2回分である。なあに、複勝ころがしでその資金を作ればいい。困ったことに最近はそういう考えがある。

というわけで、いつもよりも熱の入った複ころは、まず阪神2R（2歳未勝利のダート1800m戦）から出動。あとで考えればこれが間違いであった。私が最初に選んだのは⑥ティーゲット。芝の新馬戦をコンマ4秒差の6着に負けて、ここは2戦目。ゼンノロブロイ産駒のダート替わりだ。しかしパドックで特によく見えたわけではなく、ここは見送るべきであった。パドック中継の段階では3番人気だったが、最終的には5番人気。こういうふうに直前に人気を落とした馬が来ることも少ない。⑥ティーゲットは案の定、先行したものの5着で入線。ここを見送って、中山3R（2歳未勝利の芝1200m戦）の⑮ハートイズハートに入れるべきであった。このレースのパドックで気配がよかったのは③ラベンダーメモリーと⑮ハートイズハート。このうち1頭を選ぶなら、競馬エイトの調教欄おすすめの3頭に入っている⑮だろう。ちなみにこの日の阪神1R（2歳未勝利のダート1200m戦）は、競馬エイト調教欄おすすめの3頭が1～3位独占。その3連単は3万8170円。3連単の3頭ボックスを100円で買えば、たった600円が4万弱になっていた。私、いまでも時々、競馬エイト調教欄おすすめ3頭の3連単ボックスを買っているのだが、このときは買わなかったので痛恨。

話を中山3Rに戻すけれど、この日の複ころをこの⑮ハートイズハート（3番人気）から始めれば、1着の単勝が850円、複勝が340円。複勝に3000円入れていれば総額1万200円になっていた。しかも終わってから気がついたのだが、このレースの2着馬はなんと③ラベンダーメモリー（5番人気）。つまりパドックで私の選んだ2頭が1～2着したのだ。その馬連は7310円。ワイドが2260円。実はこのレース、1円も買っていない。直前の阪神2Rで複勝が的中していたら、絶対に⑮ハートイズハートの複勝を買っていただろう。阪神の配当が出る前に馬券を買わなければならないので、正確な計算は出来ないが、ええいとりあえず5000円でいいやと入れていた可能性が高い。さらに朝から複勝が当たったことに気をよくして、パドックでよく見えた2頭のワイドか馬連、さらには1番人気馬を絡めた3連単ボックス600円も買っていたかもしれない。馬連とワイドと3連単（5万4610円）が全部当たっていれば、総額15万くらいにはなっていた。複勝の配当以外にだよ。ところが阪神2Rが外れたので気落ちして、この中山3Rをケンしてしまったのである。

これが悔やまれるのは、その次の阪神4R（2歳未勝利の芝1800m戦）で複勝が的中したからだ。私が買ったのは①ロードスター（4番人気）。内の4～5番手でじっと我慢し、直線早めに先頭に立ち、外から⑱タニノアーバンシー（3番人気）に一度はかわされたものの、またゴール前で差し返したのである。ひそかに単勝も買っていたので、「アッゼニアッゼニ！」とテレビに向かって叫ぶのはホント、気持ちがいい。①ロードスターは1着でゴールして単勝760円、複勝230円。もしも阪神2Rなど買わずに中山3Rの⑮ハートイズハートから複ころを始めていれば、その配当金1万をこの阪神4Rに入れていただろうから、2万3000円になり、WIN5の資金がほぼ完成していたことになる。ところが、この阪神4Rで獲得した6900円の転がしにこのあと失敗して、それでも予定通り240点を買ったので総額3万の出費になってしまった。それでもWIN5が当たれば全然いいが、最初の中山10RクリスマスCで、13番人気の⑬ヤマニンプチガトーが勝っていきなりドボン。ふーん。

全レースを買え

年内最終日は有馬記念だけを買うつもりなので、その前日の土曜日に全レースの馬券を買うことにした。数年前までは毎週土日ともに20レース以上の馬券を買っていたが（つまり週に40レース以上）、最近はレースを絞り、1日に10レースくらいを目標にしている。多くても12～13レースくらいだ。それを最終週の土曜だけ、目いっぱい馬券を買っていいことにしたのだ。年に1回くらいならいいだろう。年末くらい思いっきり楽しもうという計画である。年内最終週は2場開催なので、土曜は全24レース。そのうち阪神6R（新馬戦）と、中山大障害を除く22レースの馬券を購入。いやあ、楽しかった。いつもはケンする新馬戦まで買ったのである。阪神6Rの新馬戦を買わなかったのは、これが9頭立てだったからだ。いくら全レースを買おうといっても、こんな少頭数のレースは買えません。中山大障害も迷ったけれど、普段障害戦を買わないので、予想の方法というかコツがわからず、これも無理に買うことはあるまいとケン。それでも久々の20レース超えである。だから忙しいのなんの。パドックを見て検討し、馬券を買っているとすぐにレースが始まるのだ。その繰り返しだから、とにかくせわしない。いつもはケンするレースが多いので、ゆっくりと検討して馬券を買っているが、そのいつものペースでは追いつかないのだ。こんなに忙しいとは思ってもいなかった。

最初のヒットは、阪神3R。2歳未勝利の芝1600m戦だが、パドックで選んだのは⑯ラスファジャズと⑱ドゥーカ。前者がハービンジャー産駒で6番人気、後者がタイキシャトル産駒で4番人気。阪神芝1600m外回りは外枠が有利なので、2頭ともに8枠というのはいい。馬連⑯⑱は22倍。これだけでいいかなという気もしたが、ディープインパクト産駒の⑧ディープエクシードが1番人気で、これもこわい。阪神芝1600m外回りでディープに逆らう勇気もないので、この馬も入れて馬連の3頭ボックス。1番人気からの馬連が10倍を切るなら買わないが、10倍以上つきそうなら買っておこう。しかし、それだけではつまらないので、3連単も買いたい。そこでその3頭に、3番人気の⑥エマノン（ハーツクライ産駒）を足した4頭の3連単ボックス。ともに外国人騎手を鞍上に迎えた5番人気の①レッドヴェルサスと、2番人気の②スペードクイーンは、切り。上位人気馬ばかりを買っているので、これくらいの2頭を切らないと妙味がない。それにこの2頭はともに1枠なのだが、外枠が有利ということは内枠が不利なのではないかと勝手な理屈もあったりする。総額5400円。当たってもたいした配当ではないので普段ならこんな馬券は買わないが、この日は目いっぱい楽しむという趣旨なので、平気で買うのである。するとこれがヒットするから競馬は面白い。もっとも、当たったといっても馬連⑧⑱が1030円、3連単⑱→⑧→⑥が9440円。5400円投資して配当が1万9740円だから、3.6倍になったにすぎない。ようするに儲かるための買い方ではない。ちなみに私、暮れの開催は4日間連続ボウズである。1本も当たらないと競馬はホントにつまらない。それに比べれば、当たるだけでも面白いのだ。

バカなのが、次の阪神4R。2歳未勝利の芝2000m戦。このレースで選んだのが③マテンロウゴースト、⑧インザサイレンス、⑯ギモーヴの3頭。人気は順に、1番人気、5番人気、2番人気だ。3Rでは最初に選んだ3頭の馬連ボックスを買ったのだから、ここも同じような馬券を買えばいいのに、1番人気と2番人気の馬連が4倍というオッズを見てしまったのが敗因。10倍以下の馬連は買わないというのがマイルールなので、馬連をやめてしまったことをあとで後悔する。というのはこの4R、1着が⑯ギモーヴ、2着が⑧インザサイレンス。その馬連が3250円。おお、取りたかった。3頭の馬連ボックスを買っておけば、いちばん高目がヒットしていたとは。代わりに買ったのが、1着に③マテンロウゴースト、3着に⑯ギモーヴを置き、2着流しの3連単フォーメーション。ようするに1番人気→2番人気という馬券を買いたくないのだ。その2頭の間にほかの馬をはさみたいのだ。そんなことを考えず、素直に馬連ボックスを買えばよかった。この日はもう1本、中山7Rの3連単（1万ちょっと）を仕留めたが、終わってみると全治1ヵ月。久々に20レース以上買ったのですごく面白かったけど、やはり数多くレースに手を出すと効率がよくない。まあ、年に一度だけだ。

翌日の有馬記念は、勝負馬券は外れたものの、遊びで追加した馬券がヒットしたが、金額的には土曜の負けを取り戻しただけ。年間の負けは昨年よりも多いという年であった。にもかかわらず有馬を当てたのですっごく楽しい気分で終わることが出来た。２０１６年も楽しい年にしたい。そう思って友人たちと酒を飲んだのである。

あとがき

本書は、2015年の馬券顛末記である。つまり今から1年前のことが書かれているわけだ。1年も経てば忘れることが多い。ゲラを読むまですっかり忘れていたが、個別のレース検討の前に、1年前の私は1番人気が飛びそうなレースを選んでいる。それを選び終えたあとで、残ったレースで穴馬を探している。そうだった。毎週のように、このレースは1番人気が飛ぶかどうか、それを考えていた記憶が蘇ってきた。

とても書きにくいのだが、ようするに私、いまはそんなこと、していない。昔と同様に、最初にするのは穴馬探しである。ここでいう穴馬とは、1~3番人気ではない馬のこと。ただいまは「複勝+ワイド」が私の基本なので（特に午前中の馬券はほぼこれ）、だから、次にするのはその4番人気以下だろうと思って選んだ軸馬のオッズ調べ。複勝のオッズが2倍以下なら即ケン。4番人気以下の穴馬なのに複勝が2倍もつかないのかよ、と言われるかもしれないが、新聞に印が少なくても実際には2番人気に支持されていて、オッズが低いなんてことはざらにある。

複勝のオッズが2~3倍なら複勝を3000円のみ購入。これが当たればもう一度2倍の複に転がして、それでWIN5の資金を作る、というのが最近の馬券戦術である。最初の投資が3000円で、2倍の複が2回当たれば、1万2000円になるので、複ころはこれで終了する。私のWIN5は100点前後なので、それでWIN5の資金は出来たことになるのだ。

せこい話が続いて恐縮だが、ようするに午前中から3連単をばしばし買うような生活はしたくないのだ。もちろん3連単馬券が当たれば御の字だが、馬券下手の私の馬券なんて当たるわけがないから、3連単馬券を朝から買っていると、午前中にマイナスが積もり積もって大変なことになる。だから、午前中はケンするのがいちばんなのだが、指定席に入るためには朝から競馬場に行く必要があるし、目の前でレースが行われれば馬券をやっぱり買いたくなる。そこでケガをしないために午前中は複勝ときどきワイドというせこい馬券作戦を考えたわけである。それも、ただ2~3倍の複勝を買っているのではつまらないから、2回限定の転がしをやって、WIN5の資金を作るという目的を持とうというわけだ。

午後になると、もう少しきつい穴馬を探して、その軸馬から3連複を買ったりするが、このときは上位人気馬もヒモに入れる。で、すべての目のオッズを表示させて100倍以下の目をカットしていく。せっかくきつい穴馬を軸にしたのに配当が低いのではつまらない。それに買い目をカットしていくと、購入金額も少なくなるから負担も減るのだ。どうせ当たらないんだし……。このように1年前とは買い方を変更して当たるようになったかというと、実はそんなに変化はない。1年前も当たらなかったが、馬券の買い方を変更してもやっぱり当たらない。そんなに変わらないんである。

変わらないといえば、必ず毎年のようにリハビリ馬券術が登場する。これだけは毎年同じだ。違うのは、そのリハビリ馬券術の中身が年によって異なること。2015年のリハビリ馬券術がどういうものであるかは、本書をお読みいただきたいが、ここでは2016年春のリハビリ馬券術をこっそり書いておく。

私は東京競馬場の成績が著しく悪く、毎年この競馬場の開催で大敗する。それはたぶん自宅から近いので競馬場に行くことが多く、ということは返し馬を見ることも多くなるので「すごい出来だ」とかなんとか超ぴかぴかの馬を発見してつい頭が沸騰し、どかんどかんと穴場に突っ込むためなんじゃないだろうか。

私、前日に長い時間検討した上で出した結論を、当日の返し馬を見た途端、引っ繰り返したことが何度もある。血統や馬場やデータなどよりも、とにかく返し馬が優先してしまうのである。あんなに出来のいい馬をお前は買わないのかと悪魔が耳元で囁くと、もうだめなのである。超ぴかぴかの返し馬を見ると、落ちている金を拾わないやつはばかだ、という気がしてくるのだ。冷静さを失ってしまうのである。東京競馬場の成績が著しく悪いのはそのためなのではないかと思う。というのは、今さら言うまでもないけれど、返し馬診断が当たるなんてことは、百万回に1回しかないからだ。ほとんど外れるのである。ならば、そんなもの見なければいいだろと言われるかもしれないが、哀しいことに習慣というのはなかなか変えられない。

敗因を正確に分析した上での結論ではないのだが、返し馬診断に影響された馬券がいけない。なんとなくそんな気がする。ならば、東京競馬場に行く回数を減らせばどうか。見なければいいのだ。返し馬診断という「伝家の宝刀」を封印してしまえば、それほど沸騰することもないのではないか。そう考えたのである。馬券は自宅にいてもPATで買えるしね。この作戦が正しいかどうかは1年が終わるころには判明しているだろう。

藤代三郎

2016年7月

藤代　三郎（ふじしろ　さぶろう）
1946年東京生まれ。明治大学文学部卒。ミステリーと野球とギャンブルを愛する二児の父。著書に、『戒厳令下のチンチロリン』（角川文庫）、『鉄火場の競馬作法』（光文社）、『外れ馬券に喝采を』『外れ馬券に春よ来い』『外れ馬券に口笛を』『外れ馬券に微笑みを』『外れ馬券は夕映えに』『外れ馬券に祝福を』『外れ馬券は人生である』『外れ馬券に友つどう』『外れ馬券で20年』『外れ馬券が多すぎる』『外れ馬券は終わらない』（ミデアム出版社）。

外《はず》れ馬券《ばけん》に乾杯《かんぱい》！

二〇一六年八月十日　第一刷

著者　藤代三郎
発行者　大島昭夫
発行所　株式会社ミデアム出版社
東京都渋谷区恵比寿四―四―二
電話　〇三（三四四四）七六二一
郵便番号一五〇―〇〇一三
印刷・製本　㈱ケーコム

ISBN978-4-86411-077-8　編集協力／㈱みずほ社
本文DTP／トモスクラブ